AF450699

Editorial
NUN

Eutanasia: falacia de morir con dignidad

Editorial NUN

Ficha bibliográfica

Gamboa Bernal, Gilberto Alfonso

Eutanasia: falacia de morir con dignidad

1a. edición, 2023

Versión impresa ISBN: 978-607-59598-7-0
Versión digital ISBN: 978-607-59598-8-7

Editorial Notas Universitarias, S. A. de C. V.
Colección Dignitas Humana

Impreso en la Ciudad de México, en abril de 2023
Formato: 15 × 21 cm

196 pp.

Editorial NUN

Es una marca de Editorial Notas Universitarias, S. A. de C.V.

Xocotla 17, Tlalpan Centro II, alcaldía de Tlalpan, C. P. 14000, Ciudad de México

www.editorialnun.com.mx

Dirección editorial y diseño de portada: Miryam D. Meza Robles
Cuidado de edición: Felipe G. Sierra Beamonte
Lectura de pruebas: Esteban Manteca Aguirre
Corrección de estilo: Óscar Díaz Chávez
Formación: Carlos A. Vela Turcott
Imagen de portada: Shutterstock Vector DE: 2217257003 de Max Engine

Impreso en México

Eutanasia: falacia de morir con dignidad

Gilberto A. Gamboa Bernal

DIGNITAS
HUMANA

Índice

Prólogo

Colombia es el país donde por primera vez se legisló sobre eutanasia en América Latina y el Caribe, en el sentido de despenalizar o legalizar su práctica. A partir de esta afirmación se pueden exponer algunas cuestiones, en concreto dos, que pueden servir de prólogo de este trabajo de investigación y reflexión: ¿por qué es importante conocer el "caso colombiano" sobre la eutanasia en el contexto continental y mundial? Y ¿por qué se afecta la cultura con prácticas que a primera vista son contrarias a ella?

La eutanasia hace su aparición como práctica regulada jurídicamente, primero despenalizada y luego legalizada, en los Países Bajos en la década de los ochenta del siglo XX.[1] Con cierta rapidez la iniciativa regulatoria se extendió a Inglaterra, Luxemburgo, Francia, Italia, España, Suiza y algunos estados de los EUA. En América Latina y el Caribe, Colombia es el primer país donde se inicia este empeño de hacer legal algo que los médicos no deben hacer,[2] esto ocurre en 1997.

---

[1] R. Cohen-Almagor, "'Culture of Death' in the Netherlands: Dutch Perspectives", Issues in Law and Medicine, 2001, 17(2): 167-179.

[2] Ilustre Colegio Oficial de Médicos de Madrid, "La objeción de conciencia en la profesión médica", 2023. Disponible en <https://www.icomem.es/adjuntos/adjunto_4310.1672836071.pdf> Consulta: 16 de enero de 2023.

La novedad del caso colombiano está en la vía jurídica mediante la cual se despenalizó el "homicidio por piedad", denominación tipificada en el Código Penal para la eutanasia. Como se explicará en el capítulo correspondiente, la eutanasia en Colombia se despenaliza mediante una sentencia de la Corte Constitucional, máximo organismo del poder judicial del país, sin pasar antes por el Congreso de la República (rama legislativa).[3]

Este artilugio jurídico fue el mismo que se utilizó en los EUA, en la década del setenta del siglo pasado, para hacer ver el aborto como si fuera un derecho derivado de la Constitución (caso Roe *vs.* Wade), que sin embargo fue corregido por la misma Corte Suprema de ese país en 2022. En la sentencia Dows *vs.* Jackson[4] se indica que el aborto no es un derecho constitucional y que los organismos judiciales no son competentes para regular sobre esa materia y sobre otras análogas. Una de ellas es la eutanasia.

Las iniciativas que se han presentado al Congreso de la República de Colombia desde 1998 (18 en total)[5] han naufragado, pues en su Constitución Política hay postulados claros que son violentados de manera frontal por esa pretensión; incluso se desea modificar la Carta Magna mediante una sentencia judicial y no por vía legislativa, al introducir una excepción a lo indicado en su artículo 11, que asegura de manera tajante que "el derecho a la vida es inviolable".

La capacidad de una Corte Constitucional no puede ir más allá de lo que en la Constitución está consignado; por eso, la Corte colombiana extralimitó sus funciones cuando legisló y creó reglas que no están en la Carta Magna. La actividad de una Corte Constitucional está justificada cuando existen reglas constitucionales que se impugnan, contradicen, objetan o que simplemente es necesario, con fundamento real, mejorar

---

3 G. Gamboa-Bernal, "Itinerario de la eutanasia en Colombia. Veinte años después", en *Persona y Bioética*, 2017, 21(2): 197-203. DOI: 10.5294/pebi.2017.21.2.1

4 G. Gamboa-Bernal, "Derogada la sentencia Roe *vs.* Wade", en *Persona y Bioética*, 2022, 26(2): e2621. DOI: 10.5294/pebi.2022.26.2.1

5 <https://congresovisible.uniandes.edu.co/proyectos-de-ley/eutanasia>

o reemplazar. En el caso de Colombia no existe en su Constitución esa regla que justifique causar la muerte, previa petición del paciente terminal: la Corte presumió la existencia de un derecho constitucional a la eutanasia, e incluso lo tipificó como derecho fundamental.

Además, la Corte Constitucional colombiana ha venido modificando su propia jurisprudencia en lo relacionado al derecho a la vida, que se centraba en la primacía, inviolabilidad e indisponibilidad de este derecho que sí es fundamental, ya que no le es lícito a nadie realizar actos positivos de destrucción consciente de la vida de un semejante, incluso la suya propia. La sentencia sobre el homicidio por piedad fue al menos inequitativa ya que liberó al médico de la pena por el homicidio cometido a solicitud del enfermo que cursa una fase terminal de enfermedad, pero penalizó a cualquier otra persona que realice el procedimiento.

También la sentencia primigenia de esa Corte es arbitraria, ya que no se procede jurídicamente de la misma manera en el caso de que el profesional no cuente con el consentimiento del paciente porque no quiere, o no puede, expresar su voluntad. Por otro lado, un consentimiento para que sea válido debe ser expresado libremente, pero en una situación de dolor no controlado, de enfermedad terminal o incurable tal consentimiento está viciado de nulidad, pues carece de uno de sus presupuestos fundamentales, ya que el enfermo en esas circunstancias no es libre para tomar una determinación razonable: puede estar acosado y coaccionado por su enfermedad y sus efectos, por su entorno y por la presión social que lo considera un estorbo o un sujeto que consume unos recursos que se podrían emplear en pacientes con mejores perspectivas de vida, etcétera.

Esta manera antijurídica de proceder fue desenmascarada y corregida en el caso del aborto en los EUA. En la sentencia Dobbs *vs.* Jackson[6] se dejó claro que la Corte Suprema carece de autoridad para

---

[6] Jackson Dobbs *vs.* "Women's Health Organization", Oyez. Disponible en <www.oyez.org/cases/2021/19-1392>. Consulta: 30 de junio de 2022.

decidir sobre determinados asuntos (entre ellos el aborto), que corresponden a los representantes de los ciudadanos, en los poderes legislativo y ejecutivo. En el texto de esa sentencia se indica que el aborto no está sustentado por precepto constitucional ninguno, tampoco es parte de la tradición del país, ni se soporta en un derecho más amplio. También quedó manifiesto que las sentencias precedentes en el caso del aborto (Roe *vs.* Wade y Planned Parenthood *vs.* Casey) fueron extralimitaciones de las competencias de la Corte Suprema, pues lo propio de ella no es inventarse derechos que no están en la Constitución. Con la eutanasia ocurre exactamente lo mismo.

Este ejercicio de malabarismo jurídico, que se dio en los EUA y en Colombia, es muy aleccionador y debe ser conocido ampliamente para que otras democracias no incurran en los mismos errores y legislen por vías espurias, sobre la base de argumentos o pseudoargumentos con apariencia jurídica, pero que en el fondo están inficionados de ideologías antihumanas.[7]

Ahora es posible pasar a la segunda cuestión: ¿por qué se afecta la cultura con prácticas que a primera vista son contrarias a ella?

A lo largo de este libro se utiliza el término "cultura" y distintas denominaciones, como "cultura de la vida", "cultura de la muerte", etc., que requieren de algunas precisiones previas.

Por eso es necesario indicar qué se entiende por "cultura" y lo que significa un cambio en este terreno. Y es que después de la pandemia de covid-19, de la que hasta ahora la humanidad está saliendo parcialmente, se ha planteado que el mundo no será el mismo y que con ella se precipitaron unas transformaciones que llevan a pensar que no sólo se están produciendo cambios culturales, sino que el mundo está en un proceso de cambio de cultura.

"Cultura" es un término polisémico con el que se designan varias cosas. Según el diccionario de la RAE las dos principales son: "Conjunto de conocimientos que permite a alguien desarrollar su juicio

---

7 J. R. Ayllón, *El mundo de las ideologías*, Madrid, Homo Legens, 2019.

crítico", y "conjunto de modos de vida y costumbres, conocimientos y grado de desarrollo artístico, científico, industrial, en una época, grupo social, etc.". En el fondo estas definiciones son complementarias en el sentido de que hace falta un conocimiento previo sobre algo, para luego enfocar el actuar del ser humano, y a las sociedades que conforma, en un contexto temporal de costumbres y manifestaciones humanas de todo tipo: laborales, artísticas, culturales, lúdicas, etcétera.

Esto implica que con el término cultura se entrelacen varios elementos: un conocimiento (de la propia realidad y del entorno), y unas acciones humanas (libres y ojalá responsables), que se producen en un marco temporal y social, las cuáles se plasman en modos de vivir que establecen costumbres. Es decir, cultura es el conjunto de lo producido por el ser humano y parte de los elementos que determinan su producción. Por tanto, toda cultura implica un *ethos* que hace posible la existencia humana y la coexistencia.

La cultura es pluriforme sobre una base común: la naturaleza humana; es una expresión comunitaria de conocimientos y valores que refleja otra característica clave del ser humano: su trascendencia (de lo individual a lo comunitario, de lo humano a lo divino, de la biografía a la historia). Por eso la cultura es dinámica y variada, nunca estática o uniforme, pero esto no quiere decir que prescinda de lo esencial y existencial del ser humano: o se fundamenta en ellos, o se hace una cultura antihumana o alienante. Ese dinamismo incluye también la capacidad de la cultura de ser dialogante, de asimilar cosas nuevas para cambiar y enriquecerse y así promover y ampliar lo verdaderamente humano.

Las anteriores características muestran con claridad que no se puede hablar de cultura en especies distintas del *Homo sapiens*: sólo el ser humano es capaz de cultura y de manifestaciones culturales; es un distintivo suyo y una cualidad que lo refleja y de alguna manera lo define. Aquello que es propiamente humano se manifiesta en la cultura y las manifestaciones culturales muestran lo humano, pero sólo cuando se corresponden a su naturaleza, también social.

Pero es patente que hay culturas y expresiones culturales que van en contra del ser humano o que no lo manifiestan verdaderamente, cuando esas expresiones y ese individuo actúan en contra de su esencia, de lo que es. Esto ocurre cuando se admiten ideas y creencias desvinculadas de la filosofía, de la antropología filosófica, dependientes sólo del interés individual, de las sensaciones y las emociones, que se traducen en prácticas deshumanizadoras, deshumanizantes o antihumanas. El libro gira en torno a dos tipos de cultura contrapuestos, que en algunos sectores no se reconocen como tales: la cultura de la vida y la cultura de la muerte.

Cultura de la vida

Antes de la revolución francesa, y en general del movimiento ilustrado, se tenía un concepto adecuado de lo que es la libertad en el ser humano. A partir de allí la libertad se desdibujó y fue paulatinamente reemplazada por la autonomía, y además hipertrofiada. Cuando se sumó este hecho a la idea malthusiana de la supuesta necesidad de controlar la población se empezó a poner la vida humana en peligro.

Estas ideas fueron convirtiéndose poco a poco en ideales para salvar el planeta de la "bomba de la población o explosión demográfica" y más recientemente para contrarrestar el cambio climático. La difusión del aborto como método de control natal y los efectos de la distribución global de la píldora anticonceptiva, como consecuencia de la revolución sexual en la década del sesenta del siglo XX, hicieron que floreciera la necesidad de defender al ser humano, proceso que cristalizó en la llamada cultura de la vida.

La defensa de la vida humana se ha fortalecido en las últimas décadas como consecuencia de varios factores que impactan al ser humano, a la sociedad, a la familia y a los gobiernos en todo el mundo: el evidente envejecimiento de la población; la disminución global de la fertilidad, que lleva a una crisis demográfica suicida; el incremento en el número de abortos, a pesar de su legalización en muchos países; la extensión del feminismo radical y de la llamada ideología de género. Es decir, a partir de volver a considerar el valor de cada vida humana se han realizado iniciativas privadas y públicas de defensa de la vida, que desembocan en la llamada cultura de la vida, que se yergue con valentía frente a la corrección política y mentalidad dominante (muchas veces hegemónica), casi siempre impulsada por gobiernos e instituciones multilaterales, que caracterizan desde hace algún tiempo a la cultura occidental.

Cuando se habla de cultura de la vida se hace referencia al aprecio por el don de la vida en general y de la vida humana en particular, que se traduce en acciones a favor del matrimonio y de la familia, de la mujer y de los más débiles y vulnerables, así como también de la protección del medio ambiente.

Otros ámbitos que caracterizan a la cultura de la vida son recordar verdades y certezas, señalar las manifestaciones del escepticismo y el relativismo que tienden a desdibujar los fundamentos de la filosofía y de la ética; desenmascarar engaños y eufemismos, denunciar los atropellos que el ser humano sufre por parte de sus semejantes cuando minan su dignidad e irrespetan su condición creatural. La cultura de la vida lleva también a promover iniciativas de servicio directo a las personas que lo necesitan y al medio ambiente: ayuda a madres cuyo embarazo supone un problema, acompañamiento a ancianos y enfermos, acogida a menores sin hogar o con familias disfuncionales, labores de enseñanza en distintos niveles, también protección ambiental con campañas de reciclaje, de recolección de basuras, etcétera.

Cultura de la muerte

Por "cultura de la muerte" se entiende una manera de ver al ser humano y al mundo, que fomenta la destrucción de la vida humana y se plasma en realidades sociales. El progreso científico y tecnológico, pero no sólo éstos, han hecho surgir nuevas formas de agresión contra la dignidad del ser humano, que delinean y consolidan una nueva situación, inédita y preocupante: amplios sectores de la opinión pública justifican atentados contra la vida en nombre de los derechos de la libertad individual. Es un fenómeno que se fortaleció en el siglo XX, caracterizado por un profundo desprecio por la vida humana, que no se quedó sólo en los millones de muertos ocasionados por las dos guerras mundiales y por los conflictos armados en diversas latitudes del globo.

Su extensión en el tiempo y en el espacio, consecuencia de la resonancia de los medios de comunicación, hacen que esa forma de percibir la vida humana y la posibilidad de instrumentalizarla o de intervenir sobre ella se refleje en conductas proclives a la supresión de seres humanos por considerarlos como innecesarios, enemigos, sobrantes, excluidos, sin dignidad, sin calidad de vida, etc. Estas conductas están soportadas por varias ideologías.

Cuando, al inicio del siglo XXI, Donald de Marco y Benjamín D. Wilker escribieron el libro *Arquitectos de la muerte*, tuvieron en el panorama varias realidades que eran evidentes en el final del siglo XX y lo siguen siendo al inicio del actual: aborto, eutanasia, técnicas de reproducción asistida, *fabricación* de embriones humanos, utilización de éstos para congelación y experimentación, maternidad subrogada, etc. Ellos visualizaron la cultura de la muerte como un criterio unitario que lleva a interpretar la realidad de una manera particular.[8]

Lo llamativo de esa manera de mirar el mundo es que, por influencia del poder político y de los medios de comunicación, tal cultura ha procurado justificarse e imponerse por la vía jurídica, reinterpretando los derechos humanos y *creando* otros nuevos, estableciendo leyes sin el suficiente soporte racional, impulsando políticas y cambios sociales, y condicionando ayudas económicas para que esas políticas sean asumidas por los países del tercer mundo.

Otra característica particular es que quienes enarbolan esas doctrinas que constituyen la cultura de la muerte muchas veces no

---

8   B. Wilker y D. de Marco, *Arquitectos de la muerte*, Madrid, Ciudadela, 2007.

son conscientes de las argumentaciones peregrinas que intentan darle piso racional, sino que se dejan llevar sólo por buenas intenciones (muchas veces sinceras) y se convencen de estar prestando un gran servicio a la humanidad y al planeta.

Para construir la cultura de la muerte se dan cita unas ideas sobre el ser humano y sobre el mundo que se pueden resumir en las siguientes: el ser humano no es una realidad creatural; la voluntad es una facultad omnímoda; el sufrimiento es intrínsecamente inhumano; el evolucionismo es una verdad científica; la alienación humana se supera con la utopía, donde el individuo está al servicio de la sociedad; la existencia está por encima de la esencia; la maternidad y la familia son mitos que deben ser destruidos; el placer sexual es un fin y no un medio; el sexo no es una realidad biológica y debe desligarse de la procreación; el deseo de morir justifica cualquier medio para terminar con la vida.

Otro aspecto nocivo de esa forma de ver al ser humano y al mundo, que además es sumamente preocupante, es el desorden que se instaura en la vida conyugal cuando los padres pierden el horizonte de ser colaboradores en la transmisión de la vida, con la consecuente disolución del binomio entrega matrimonial y procreación. Y es muy preocupante porque esa forma de ver la vida lleva necesariamente a la destrucción de la institución familiar, base de toda sociedad.

Éstas y otras ideas muestran que en la base de la cultura de muerte hay un vacío enorme de realismo antropológico: si el ser humano no es capaz de percibirse como es en realidad (y percibir a sus semejantes), no puede conducirse con respeto, ni tratar con dignidad a él mismo y a quienes tiene a su alrededor. Tal vez es ésta la consecuencia más nefasta de una cultura que, como la de la muerte, se construye sobre bases filosóficas falsas, erróneas o ambiguas.

El presente libro se centra en la eutanasia. Luego de una introducción donde se expone parte de la historia de la eutanasia, se pasa a la terminología relacionada con ella. Algunos argumentos a favor de la eutanasia son examinados para mostrar lo que hay detrás de cada uno y concluir por qué su práctica no es una buena idea. En la parte central del libro se plantea una reflexión sobre la valoración ética que se puede hacer del acto eutanásico. Posteriormente se ofrecen unas reflexiones sobre la cultura de la muerte, pero sobre todo del sentido que el sufrimiento puede tener para el ser humano.

Antes de las conclusiones el lector encontrará dos ensayos sobre la eutanasia en el mundo y en Colombia, que procuran aportar datos para una mejor comprensión de la situación. En el último capítulo se incluye un estudio breve sobre lo que dicen las religiones acerca de la eutanasia. Las conclusiones se aprovechan para mostrar cómo la medicina paliativa y los cuidados paliativos son el mejor recurso médico que hace innecesario el que alguien pueda plantearse la aplicación de la eutanasia. Además, se explica qué son las voluntades anticipadas y la objeción de conciencia.

Como anexos, el libro trae algunos de los pronunciamientos que sobre la eutanasia han hecho la Asociación Médica Mundial, el Royal College Physicians, la Federación Médica Colombiana, la Academia de Bioética Santiago de Cali, la Fundación Colombiana de Ética y Bioética (Fuceb), y la Academia de Medicina de Medellín.[9]

El autor

---

[9] Aunque la Academia de Medicina de Medellín forma parte de la Academia Nacional de Medicina, tiene una postura diametralmente opuesta a este organismo nacional: la Academia Nacional de Medicina de Colombia promueve activamente la eutanasia con el mal llamado "derecho a morir dignamente".

Introducción

Un poco de historia

El siglo XX se caracterizó por un incremento sin precedentes de lo que podría denominarse "la cultura de la muerte". Las dos guerras mundiales y los conflictos armados que diariamente se han hecho presentes en distintas latitudes y que se reflejan con una celeridad cada vez más vertiginosa en los titulares de los medios de comunicación, marcaron ese siglo. El primer cuarto del siglo XXI va por el mismo camino.

La opinión pública, zarandeada hasta el mareo, se va acomodando casi sin darse cuenta a realidades que golpean frontalmente la dignidad de la persona humana. Y esto porque tales informaciones tocan las fibras interiores de la sensibilidad, de la emotividad, del sentimiento. Sin embargo, es un hecho que se tiende a acostumbrarse frente a esas realidades.

Dentro de este clima proporcionado por la cultura de la muerte ha incursionado con gran fuerza, desde mediados del siglo XX, una realidad que haría palidecer a los pensadores más progresistas de antaño, porque no sólo existe una cultura de la muerte, sino también una cultura antivida.

Es cierto que en los siglos antiguos se han dado muestras palmarias de la barbarie humana, pero es difícil encontrar en la historia de la humanidad ideologías tan lesivas para el hombre mismo como las que han surgido a la luz en los últimos dos siglos y que han influido en las matanzas y vejámenes a los que se ha visto sometido el hombre de los últimos tiempos.

El progreso de la biotecnología haría pensar que el hombre ha mejorado sustancialmente, pero sus efectos se muestran cada vez más contrarios a su propio artífice. El hombre no se ha hecho mejor; la tecnología ahora es usada casi sin ningún control y sin las orientaciones que bien pueden proporcionar la ética y la bioética.

A la par con estos fenómenos se ha desarrollado otra anticultura que pretende conformar una civilización del bienestar, en la que el hombre alcanza una posición privilegiada cuando produce y consume y en la que conceptos tan profundos como dignidad, sentido, libertad, humanidad, etc., se desdibujan irremisiblemente.

Estas anticulturas van postulando pautas de acción y criterios que establecen qué vidas merecen la pena de ser vividas, cuáles tienen derecho a nacer y cuáles deben morir, cuáles son los estándares de felicidad y cuáles son las metas que debe trazarse el hombre.

Se ha reemplazado el fundamento por el fenómeno, la dignidad por la eficacia, la libertad por la autonomía, la cognición por la sensación; el bienestar se identifica con el consumo y con el placer, y en último término se renuncia al ser por el tener. Por todo esto, y mucho más, algunos autores han llamado a esta situación que vive el hombre actual el nuevo racionalismo irracional[1] (el primero fue inaugurado por Descartes), que tiene una necesaria consecuencia: la zoologización de toda la sociedad.[2]

En este ambiente surge con renovada fuerza una práctica que ya se observaba en la antigüedad, pero que ahora se procura justificar y hasta legitimar jurídicamente: la eutanasia.

---

[1] C. Troncoso Barría, "Racionalismo crítico e irracionalidad", en *Cuadernos de Filosofía*, 2021, 27: 85-98. H. Marcuse, *Ideologia da sociedade industrial*, Río de Janeiro, Zahar, 1969. J. Maritain, *De Bergson a Tomás de Aquino*, Buenos Aires, Club de Lectores, 1983.

[2] A. Fogel, M. Lyra y J. Valsiner, (eds.), *Dynamics and Indeterminism in Developmental and Social Processes*, Nueva York, Psycology Press, 2014.

Un repaso a la historia de la humanidad evidencia que en algunos pueblos se han practicado diversas formas de eutanasia.[3] Basta recordar la disposición que se hacía en la antigua Esparta de aquellos recién nacidos deformes; la costumbre era arrojar desde lo alto de la Roca Tarpeya, en la Roma Imperial, a los niños que sufrían algún tipo de tara –práctica que se extendió hasta su prohibición por el emperador Valente–. En aquellas épocas el suicidio era de buen recibo y se alababan las costumbres celtas de acelerar la muerte de sus ancianos, enfermos y heridos de guerra. Se han encontrado vestigios en tribus más primitivas que practicaban la eutanasia: los Bataki de Sumatra, los Aracán en la India, e incluso en Indochina y Brasil.

También, teóricamente, los clásicos de la cultura griega y latina justificaban con diversos argumentos la práctica de la eutanasia: Platón, en *La República*, dejó escrito: "Establecerán en el Estadio una disciplina y una jurisprudencia que se limite a cuidar de los ciudadanos sanos de cuerpo y de alma; se dejará morir a quienes no sean sanos de cuerpo"; y, cuando la utilidad política estaba de por medio, Aristóteles también aprobaba la práctica de la eutanasia.

Sin embargo, coetáneos suyos, Pitágoras, Hipócrates, Galeno y Cicerón, defendieron un respeto íntegro de toda persona humana, atribuyéndole un carácter sacro.

Algunos pensadores occidentales posteriores revelan en sus escritos, con algunas afirmaciones –por lo menos ambiguas–, justificaciones para la eutanasia, como es el caso de Bacon y de Locke. Pero la postura más radical frente a este tema la adopta a finales del siglo XIX Nietzsche, quien señala la necesidad de liberar a la sociedad de todas las personas inválidas e incapaces, con lo que se constituye en el precedente próximo de las ideas y prácticas nazis.[4]

---

[3] A. Heidenreich, "Evolución de las ideas en Medicina", en *Revista de la Asociación Médica de Argentina*, 2010, 123(2): 16-30.

[4] S. Schuster, "Reseña de *Los que sobraban. Historia de la eutanasia social en la Alemania nazi, 1939-1945*, de Götz Aly", en *Memoria y Sociedad*, 2015, 19(38): 109-112.

En el siglo XX empiezan a proliferar instituciones "proeutanasia". En 1932, el presidente de la Society of Medical Officers of Heat, el doctor Millar, exigió la legalización del mercy-killing ("muerte por piedad") y para intensificar esos esfuerzos se fundó la asociación EXIT en 1935, en la presidencia de Lord Moynihan, presidente del Real Colegio de Cirujanos. Esta misma asociación, luego con el nombre de Voluntary Euthanasia Society (VES), sigue impulsando en Inglaterra la legalización de la eutanasia y cuenta con unos 8 000 miembros. Desde 2005 toma el nombre de Dignity in Dying, para evitar que la eutanasia sea percibida como la única manera de alcanzar la dignidad en el morir.[5]

En 1938 se creó en los Estados Unidos de América una sociedad similar con el nombre de Euthanasia Society of America, que –como la inglesa– redactó sin éxito un proyecto de ley en 1974. Una de las asociaciones más activas del mismo género es la NVVE holandesa, creada en 1973, y que en 1993 logra la despenalización de la eutanasia en ese país.

En los Estados Unidos de América, en la década del setenta, empezó a extenderse una práctica que años antes había sido propuesta en la Gran Bretaña, el "living will" (o "testamento biológico o vital"): una declaración firmada delante de varios testigos en la que el interesado manifiesta que, en caso de padecer una enfermedad incurable y dolorosa, no se le deben aplicar medios terapéuticos extraordinarios para prolongar su existencia. Poco a poco, en diversos estados norteamericanos se fue aceptando la validez legal del "living will" y California fue el primer estado, en 1976, que aprobó una ley con la que se abrió paso al reconocimiento legal de algunas prácticas de eutanasia, aunque su intención inicial haya sido evitar el encarnizamiento terapéutico.

---

[5] "New Pro-euthanasia Group Name row", en *BBC News*, 23 de enero de 2006. Disponible en <http://news.bbc.co.uk/2/hi/health/4638766.stm>. Consulta: 24 de julio de 2022.

En 1984 se crea en Colombia la Fundación Pro Derecho a Morir Dignamente (DMD). En 1997 la Corte Constitucional resolvió declarar exequible el artículo 326 del decreto 100 de 1980 (Código Penal), pero advierte que el médico autor del homicidio por piedad no tendrá responsabilidad, pues su conducta estaría justificada. Además, exhortó al Congreso de la República para que, en el tiempo más breve posible, regule el tema de la muerte digna. Hasta el momento, los proyectos de ley para reglamentar esta práctica no han progresado en el Senado de la República.

Sin embargo, en 2015, el Ministerio de Salud, a instancias de la Corte Constitucional mediante la Sentencia T-970 cuya nulidad solicitó la Procuraduría,[6] emite la resolución 1216 de 2015, mediante la cual se dan "directrices para la organización y funcionamiento de los Comités para hacer efectivo el derecho a morir con dignidad". Esta decisión fue a su vez demandada por la Procuraduría General de la Nación[7] y no ha tenido buen recibo por parte del cuerpo médico colombiano.[8]

Luego de esta brevísima y necesariamente incompleta reseña histórica pasaremos a exponer algunos puntos relacionados con la eutanasia, que panorámicamente serán los siguientes: algunas precisiones terminológicas, los elementos que constituyen un acto de eutanasia, los argumentos que se esgrimen a favor de ella y el hombre frente al sufrimiento y a la muerte.

---

[6] La Procuraduría General de la Nación solicitó la nulidad de una sentencia de la Corte Constitucional que le ordena al Ministerio de Salud reglamentar la eutanasia. Disponible en <https://apps.procuraduria.gov.co/portal/Procuraduria-General_de_la_Nacion_solicit__la_nulidad_de_una_sentencia_de_la_Corte_Constitucional_que_le_ordena_al_Ministerio_de_Salud_reglamentar_la_eutanasia.news>. Consulta: 24 de agosto de 2022.

[7] El procurador Alejandro Ordóñez Maldonado demandó la resolución que reglamentó la eutanasia en Colombia. Disponible en <https://apps.procuraduria.gov.co/portal/Procurador-Alejandro_Ordonez_Maldonado_demand__la_resoluci_n_que_reglament__la_eutanasia_en_Colombia.news> Consulta: 24 de agosto de 2022.

[8] C. A. Gómez-Fajardo, ¿Y el deber de cuidar? Disponible en <http://www.periodicoelpulso.com/ediciones-anteriores-2018/html/1505may/opinion/opinion.htm>. Consulta: 24 de agosto de 2022.

1. La cuestión de los términos

El origen etimológico de "eutanasia" puede prestarse a no pocas ambigüedades y contrasentidos. Las raíces griegas *éu* ("buena") y *thánatos* ("muerte") aportan a la palabra eutanasia un significado que puede designar varias realidades. Es por esto que los diversos tratadistas se han puesto en la tarea de hacer una serie de distinciones que, aunque bien intencionadas, pueden llevar a la confusión.

La importancia de la precisión con la que se emplee la palabra "eutanasia" es definitiva puesto que, según sea lo que designe, su práctica puede tomarse como un crimen inhumano o como una muy buena acción, nacida de la misericordia solidaria con el que sufre; y esto no sólo entre la gente común sino también en los debates que los "expertos" realizan sobre el tema. Con una misma palabra se puede defender una postura y también la diametralmente opuesta.

Asimismo, es cierto que los medios de comunicación y las publicaciones científicas, con alguna frecuencia, buscan eufemismos que mitiguen la percepción de la realidad designada por la palabra "eutanasia" ("muerte por piedad", "muerte digna", "dulce muerte", "ayuda a bien morir", etc.), puesto que ellos pueden gozar de mejor aceptación pública.

Aun admitiendo que se utilice el mismo significado para designar la realidad de dar muerte a un semejante, de manera consciente y deliberada, con o sin su consentimiento, no acabarían los problemas; puesto que la raíz del asunto se encuentra más profundamente: el concepto que se tenga sobre quién es la persona humana, y por lo tanto el concepto que se tenga de su dignidad, del valor de su vida y del sentido de ésta.

Por todo esto, es comprensible que existan personas e instituciones partidarias de legalizar esta práctica que, hay que decirlo desde ahora, contraría el objetivo de la medicina y enrarece –ensombreciendo– su práctica.

Una ética sana, apoyada en principios filosóficos correctos, sólo podrá dar a la eutanasia esta significación: toda actuación que tiene como objeto causar la muerte a un ser humano para evitarle sufrimientos, bien a petición de éste, bien por considerar que su vida carece de la calidad mínima para que merezca el calificativo de digna.

Dentro de este contexto, la eutanasia es siempre una forma de homicidio, pues implica que un hombre quite la vida a otro, ya mediante un acto positivo o mediante la omisión de la atención y de los cuidados debidos.

Según lo anterior, los elementos que configuran el acto eutanásico son los siguientes:

El objetivo buscado es la muerte. No es eutanasia, por tanto, el aplicar una terapia antiálgica, aunque acorte la expectativa de vida del paciente como efecto secundario no querido. Tampoco es eutanasia la muerte que se sigue a una imprudencia o accidente.

Puede producirse por acción (o comisión en algunos autores) o por omisión. En el primer caso, cuando se administran sustancias tóxicas mortales, e incluso sustancias que de suyo no son tóxicas pero que en determinadas dosis o concentraciones ocasionan la muerte, o se suprimen medidas de soporte necesario. En el segundo caso, cuando se niega la asistencia médica debida.

Lo que se busca es la muerte de otro, no la propia. El suicidio es una realidad distinta de la eutanasia y no una forma peculiar o autónoma de ella. Es por ello que no se considera adecuado hablar de eutanasia suicida. Pero la ayuda o cooperación al suicidio sí es una forma de eutanasia.

Se realiza porque lo pide el que quiere morir. Pero también puede realizarse para evitar sufrimientos presentes o futuros previsibles, o porque se considere que la calidad de vida de esa persona es insuficiente y no se mantendrá en un mínimo aceptable.

El sentimiento subjetivo de estar aliviando el dolor, las deficiencias ajenas, el estar procurando un bien al paciente o a su familia e incluso a la sociedad es elemento necesario de la eutanasia; si no se presentara, el acto no sería distinto de un homicidio común.

Según lo anterior, hay diversas clasificaciones de eutanasia, que dependen también del significado que se dé al término.

Desde el punto de vista de la víctima, la eutanasia puede ser voluntaria o involuntaria, según sea solicitada o no. Puede ser perinatal si se aplica a recién nacidos deformes o deficientes o con un hándicap que los hace merecedores de tal suerte. Será agónica si se aplica a enfermos terminales. Psíquica o social si es aplicada a paciente con lesiones cerebrales irreversibles o a ancianos u otras personas tenidas por socialmente improductivas, gravosas, etcétera.

Desde el punto de vista de quien la practica, se distingue entre eutanasia activa y pasiva, según se provoque la muerte por acción o por omisión.

Otros términos son con frecuencia utilizados cuando se trata de estas materias: "distanasia", "mistanasia" y "ortotanasia".

Etimológicamente la "distanasia" sería lo contrario de la "eutanasia": del griego *dis* ("algo mal hecho" o "mal") y *thánatos* ("muerte"); consiste en retrasar la muerte de un paciente utilizando medios, desproporcionados o no, aunque no haya esperanza ninguna de curación, pero sí infligiendo al moribundo sufrimientos adicionales secundarios a la lucha sin cuartel contra la muerte. La "distanasia" es el mismo ensañamiento o encarnizamiento terapéutico que algunos autores prefieren llamar "obstinación terapéutica".

La "ortotanasia" designaría la actuación correcta frente a la muerte por parte de los miembros de los equipos sanitarios que atienden personas afectadas por el síndrome de enfermedad terminal o simplemente enfermos incurables. Si bien es cierto que este término no ha rebasado los ambientes académicos, sí sería muy deseable que se empezara a utilizar una palabra distinta de "eutanasia" para designar precisamente la buena muerte, aquella en cuyo manejo se respeta la dignidad profunda del ser humano.

En los últimos años también se empezó a utilizar el término "mistanasia", para designar el abandono al que se somete a los pacientes a quienes se juzga que ya no tienen posibilidades de sobrevida. No sólo no se les prestan los cuidados mínimos necesarios, sino que se les priva de toda intervención, dejándolos a un lado, sin prestarles ninguna ayuda, asistencia o tratamiento.

2. Lo que hay detrás de los argumentos a favor

Antes de pasar adelante conviene revisar los argumentos principales empleados para promover una legislación proclive a la eutanasia.

No sólo se suele promover la legalización de la eutanasia empleando una serie de argumentos, también el interés de buscar su aceptación social lleva a que personas e instituciones esgriman una serie de justificaciones que sustancialmente son las siguientes:

La eutanasia es ejercicio de la autonomía

El derecho a la muerte digna, expresamente querida por quien padece sufrimientos atroces, y el derecho de cada cual a disponer de su propia vida, en uso de su autonomía individual. A este respecto hay que comentar lo siguiente.

Es frecuente defender la eutanasia apelando al "derecho a morir". Pero para los grandes maestros de filosofía del derecho natural, la noción misma de derecho a morir sería absurda.

Todos los derechos naturales remiten al derecho primario a la vida, o mejor, al derecho a la autoconservación. Sin embargo, hay una realidad que no es posible negar: los hombres pueden cansarse de vivir o llegar a sentir la existencia como una pesada carga. Pero el debilitamiento de la voluntad de vivir no anula el derecho a la vida, menos aún abre paso a un triunfante nuevo derecho a morir. Pues el derecho a la vida depende de la naturaleza, no de la voluntad, por eso la vida es inviolable.[1]

Podría objetarse que tal derecho a la muerte descansa en un principio de propiedad sobre uno mismo que justifique la autodestrucción: como poseo mi cuerpo y mi vida, puedo hacer con ellos lo que guste. Pero a diferencia de los derechos de propiedad sobre los frutos de su trabajo, la propiedad que tiene el hombre sobre su propia persona es inalienable: un hombre no puede transferir ese título vendiéndose como esclavo. Mi cuerpo y mi vida son de mi propiedad sólo en el sentido restringido de que no son tuyos. Son diferentes de mi propiedad enajenable, como mi casa, mi carro o mi computador personal. Mi cuerpo y mi vida, aunque son míos para usarlos –y usarlos bien–, no son míos para desprenderme de ellos.

Desde hace muchas décadas el concepto de autonomía viene siendo utilizado como uno de los principales aportes de Immanuel Kant (1724-1804) al pensamiento moderno y por supuesto en el campo de la ética y la bioética ha venido cobrando cada vez mayor relevancia.

No fue el filósofo de Königsberg el primero en hablar de autonomía. Dos siglos antes, Gabriel Vázquez (1549-1604) postulaba lo que podría calificarse de autonomía innata de la moralidad: la naturaleza racional del hombre es, en sí misma, el fundamento de la ley natural que le permite prohibir o mandar lo que es bueno o es malo, con total independencia de cualquier precepto que la determine. Aquí se encuentra un vestigio del pensamiento kantiano en torno al tema que nos ocupa.

Posteriormente, autores como Messer, Hartmann y Max Scheler hablarán con amplitud sobre la autonomía, pero como Kant es el filósofo más representativo en esta materia, centraremos nuestra atención en sus teorías y postulados. Y esto porque es precisamente

---

[1] J. Keown, *The Law and Ethics of Medicine: Essays on the Inviolability of Human Life*, Oxford, OUP, 2012.

sobre la base de la autonomía que Kant hace gravitar todo su sistema de pensamiento: el "trascendentalismo", el "apriorismo" y el "formalismo" son variaciones distintas sobre el mismo tema de la autonomía.

No es posible negar que a pesar de la oscuridad, confusión y contradicciones que se encuentran en la obra de este gran filósofo alemán, su aporte al desarrollo del pensamiento contemporáneo es importante y muy valioso, pero sólo cuando es dimensionado en sus reales proporciones.

Aunque su primer trabajo fue publicado en 1746, sólo hasta 24 años después Kant se dio a la tarea de dar respuesta a preguntas en temas esenciales: "¿Qué puedo hacer? ¿Qué debo hacer? ¿Qué puedo esperar? ¿Qué es el hombre?". A la primera pregunta responde en *Crítica de la razón pura* (1781); la segunda encuentra respuestas en *Fundamentos de la metafísica de las costumbres* (1785) y en *Crítica de la razón práctica* (1788); en *Crítica del juicio* (1790) intenta respuestas para la tercera; y la cuarta pregunta quedará plasmada en *Antropología desde un punto de vista pragmático* (1798).

Etimológicamente "autonomía" se deriva de dos palabras griegas: *autós* ("mismo") y *nomós* ("ley"), "autolegislación" o "darse la ley a sí mismo". En sentido ético la "autonomía" sería formulada como la obediencia de una ley que procede de la intimidad propia y es independiente de toda ley que venga de fuera.

La variante doctrinal propuesta por Kant muestra la "autonomía" como "la propiedad de la voluntad de tener en sí misma su ley (independientemente de los objetos a que se dirige)... El principio de autonomía es el único de la moral" (cfr. *Fundamentos de la metafísica de las costumbres*). Para Kant "autonomía" y "libertad" se identifican: la "autonomía" viene a ser la libertad en su dimensión positiva, es decir, obediencia a una ley que es interna a la propia voluntad.

Kant apoya su concepción de la autonomía como fundamento único de la ética aduciendo varias justificaciones:

1. Se superan el pragmatismo y hedonismo éticos.
2. Se excluye el egoísmo y no se reduce la ética al campo de las tendencias de la estructura orgánico-natural del hombre.
3. Se establece una ley ética universal.
4. Se funda una ley ética universalmente obligatoria.
5. Aparece el carácter de pena como castigo del incumplimiento de la ley moral.

Sin embargo, hay que enumerar también las dificultades que la concepción kantiana de la autonomía trae consigo:

1. Se excluye la obediencia a toda ley venida de fuera.
2. La educación, la enseñanza, la obediencia y el buen ejemplo moral carecerían de sentido.
3. El hombre sería juez y reo de sí mismo y ante sí mismo.
4. Surgiría una ética autónoma, del mérito personal que nace de la "buena voluntad" y se cierra dentro de ella.
5. Se llegaría a la proclamación de un antropocentrismo absoluto y de un individualismo ético.
6. Se invalida la ética de la felicidad y se instaura la ética del deber.
7. Basándose en un inmanentismo fenomenista, que exige el apriorismo, plantea como única fuente de objetividad la subjetividad trascendental.
8. Al no admitir la aprehensión del ser de las cosas sensibles, hace imposible el conocimiento del ser de lo que no es sensible.
9. Por querer salvar de alguna manera la moralidad y las actividades del espíritu, ve necesario abandonar el conocimiento

científico y pasar a un plano de consideración puramente práctico, en el que la libertad domine enteramente.

10. Se desvincula totalmente el entendimiento del conocimiento de experiencia, haciéndose imposible el conocimiento moral universal y singular, quedando sólo una moral racional.

También hay que decir que para Kant la "moralidad" es espontaneidad racional sin ley o norma trascendente, es la realización práctica de la supremacía del hombre y está sustentada –en cuanto moral ametafísica– por una "metafísica" que en realidad es la negación teórica y práctica de la moral. El apriorismo moral de Kant identifica la libertad con la autonomía absoluta, sin reglas, sin ser medida por el ser y la bondad de las cosas, ni por la naturaleza humana.[2] Consecuente con los anteriores planteamientos, Kant llega a afirmar que "se debe reconocer algo al ser humano, el derecho a que se le reconozca la posibilidad de disponer de su propia vida en situaciones especiales simplemente por la dignidad que éste puede tener".[3]

Finalmente es necesario recordar que la verdadera autonomía ética en absoluto implica un rechazo a la ley natural, sino su aceptación, puesto que la autodeterminación del hombre apoyada en dicha ley no sólo no limita y somete, sino que, por el contrario, le da la capacidad de realizarse como verdadero hombre al sustentar su vida ética en los elementos objetivos de su propia dignidad, le permite por sí mismo –y no por otros– dirigirse al bien que es capaz de conocer y querer.

"Autonomía" no quiere decir ausencia de vínculos, de compromisos, sino señorío y porte que permite al hombre ser protagonista –no actor único– de la conquista de su propio ser y su propio existir.

---

[2]   M. Adler, *Diez errores filosóficos*, México, Grijalbo, 1989.

[3]   A. Papacchini, "Kant y el derecho a la vida", en *Los derechos humanos en Kant y Hegel*, Cali, Universidad del Valle, 1993.

La verdadera autonomía se logra con el efectivo ejercicio de acciones, no sólo libres, sino liberadoras, es decir, de acciones que incrementen y amplíen la libertad, lo cual se consigue con las virtudes morales.[4]

En resumen, se podría pensar que se justifica el derecho a morir invocando la autonomía kantiana. Para Kant, la autonomía –que literalmente significa ley propia– requiere actuar de acuerdo con el verdadero yo, es decir, de acuerdo con la propia voluntad determinada por una máxima universalizable, es decir, racional. Ser autónomo significa no ser esclavo del propio instinto, los impulsos o el capricho, sino hacer lo que uno debe, en cuanto ser racional. Pero hoy la autonomía ha venido a significar "hacer lo que me plazca" y no infrecuentemente se le confunde con el autodominio y hasta con la autocompasión. Unas posturas tales demuestran claramente el triunfo del yo nietzscheano, que considera a la razón tan avasalladora y esclavizadora como el mismo instinto ciego.

Sin embargo, la autonomía no puede fundamentar un derecho a morir, ya que, si la autonomía y la dignidad se basan en el libre ejercicio de la voluntad y la capacidad de elegir, es al menos paradójico decir que nuestra autonomía justifica un acto que la suprime definitivamente. Sólo una voluntad arbitraria, apoyada en el relativismo ético, es el único fundamento filosófico posible de un derecho a morir. Es decir, no tiene ningún fundamento.

Y es que la vida de todo hombre, de cualquier hombre, es un valor único, irrepetible, inabarcable, insustituible, incognoscible, histórico, un fin en sí mismo, una criatura hecha para la gloria. La muerte es sencillamente un hecho, el último en la vida del hombre, pero no es un derecho.

---

[4] A. Llano-Cifuentes, *El futuro de la libertad,* Pamplona, EUNSA, 1985.

Con Serrano Ruiz-Calderón se puede afirmar que

teniendo en cuenta el carácter educativo de la ley, su pretensión directiva de conductas, es hipócrita pensar que la autorización de matar en ciertas circunstancias se limita a ofrecer una libertad. Incluso, hemos sostenido que resulta extraña tanta defensa de la autonomía de los menos autónomos o de la independencia de los estrictamente dependientes.[5]

Es necesario regular con el derecho una situación que existe de hecho

Otro de los argumentos esgrimidos por los defensores de la eutanasia está en la necesidad de regular una situación que existe de hecho, ante el escándalo de su persistencia en la clandestinidad. No deja de ser curioso el paralelismo grande con las posturas proabortistas. Para presentar y defender este argumento, tanto en el caso de la eutanasia como en el caso del aborto, se apela al testimonio de personas y profesionales más o menos reconocidos que comparten frente a los medios de comunicación su propia experiencia, despojándola de los supuestos tratamientos de "tabú" con los que generalmente son manejados estos temas.

El recurso a las estadísticas y a una especial retórica también son utilizados procurando "desmitificar" el fenómeno y mostrando de manera llamativa y no pocas veces alarmante la situación que se produciría de no legalizar o despenalizar tales conductas.

La manipulación de las palabras y sus significados con frecuencia están también presentes para sostener las pretensiones de regular jurídicamente la práctica de la eutanasia. Los partidarios de ella

---

[5] J. M. Serrano Ruiz-Calderón, "Sobre la injusticia de la eutanasia. El uso de la compasión como máscara moral", en *Persona y Bioética*, 2013, 17(2): 168-186.

buscan que la legislación les proporcione las herramientas para, mediante su control, impedir "excesos o abusos". Esta forma de presentar el asunto presupone que, en determinadas circunstancias, la práctica de la eutanasia no es un exceso o un abuso; es decir, se cierra la posibilidad de debatir la naturaleza misma de la eutanasia porque se parte gratuitamente del supuesto de que hay eutanasias abusivas y eutanasias correctas, lo cual es falso. Además, con esta forma de argumentar se intenta producir la impresión de estar buscando una legislación restrictiva, cuando en la realidad se solicita una norma permisiva, que es exactamente lo contrario.

Eutanasia es sinónimo de progreso

Otro argumento que con frecuencia es sostenido por los defensores de la eutanasia es el de intentar mostrar el progreso que representa suprimir la vida de los deficientes psíquicos profundos o de los enfermos en fase terminal, ya que se trataría de vidas que no pueden llamarse verdaderamente humanas.

Pero hay que decir que lo que es signo de civilización y de progreso es justamente lo contrario. Es decir, lo que fundamenta la dignidad de la persona humana es el hecho radical de ser humano, con independencia de cualquier otra circunstancia como raza, sexo, estado de salud, habilidades intelectuales o manuales, capacidad mental o económica, etcétera. Esta visión esencial del hombre significa un progreso cualitativamente importante, que distingue a las sociedades civilizadas de las primitivas, en las que la vida del prisionero, del esclavo, del enfermo, del anciano, del recién nacido deforme, según épocas y lugares era despreciada.

Por otro lado, el progreso técnico y científico de las ciencias de la vida parecería dar un respaldo a la eutanasia, mostrándola como una alternativa más para solucionar los problemas generados por las personas que han dejado de ser productivas. Pero una ciencia así planteada no sería una verdadera ciencia, sería una pseudociencia sin alma.[6] Además, la misma ciencia acorrala a la eutanasia: el desarrollo de las terapias antiálgicas ha reducido, casi hasta hacerlo desaparecer, el motivo principal de matar a una persona que sufre: el dolor. El desarrollo de medicamentos, recursos y terapias para el manejo del dolor y los avances en medicina paliativa son, hoy por hoy, signos incontrovertibles de que la medicina se resiste a ver desnaturalizada su tarea en servicio del hombre, a pesar de haber avanzado también en la capacidad de mantener la vida física y retrasar artificialmente el momento de la muerte.

Es una manifestación de solidaridad social

Otro argumento que se expone para defender la eutanasia es mostrarla como una manifestación de la solidaridad social que lleva a eliminar las vidas sin sentido, pues constituyen una gravosa y pesada carga para los familiares y para la sociedad entera.

La experiencia muestra cómo se puede pasar, fácil y rápidamente, de la teoría científica proeutanasia a su aplicación por motivos cada vez más subjetivos, relativos y baladíes. Las contradicciones en este terreno también son evidentes. Se busca legalizar la eutanasia voluntaria, pero se presentan como ejemplos las "situaciones límite" en las que los directamente interesados no pueden manifestar su voluntad, o no están en condiciones de hacerlo: los deficientes mentales, los recién nacidos deformes o con taras, las personas que agonizan inconscientes, etcétera.

Curiosa solidaridad social aquella que elimina a los miembros más débiles de la comunidad, aquella que procura la muerte a quienes debería proteger y ayudar por su misma condición de indefensión e inocencia. Curiosa solidaridad social aquella que plantea eliminar personas sin casi contar con los instrumentos que pretende utilizar: los médicos.

---

[6]   L. Kass, "Science, religion, and the human future", en *Commentary*, 2007, 123(4): 36-48.

Margaret Somerville afirma que "aceptar la eutanasia puede dañar seriamente nuestro sentido de asombro, asombro y admiración, ante lo que somos y el universo que habitamos, y también dañar gravemente el mundo que dejaremos a las generaciones futuras".[7]

Eutanasia es muerte digna

La dignidad se ha utilizado con mucha frecuencia para intentar justificar la eutanasia. El problema está en que el concepto de dignidad que se maneja es difuso y polisémico: se piensa que se pierde dignidad cuando la persona sufre, o está enferma, o no se puede valer por sí misma, o es una carga para la sociedad.

Pero en el fondo de las anteriores aseveraciones se encuentra una inadecuada aproximación a lo que es la dignidad. Tal vez derive de percibirla en un plano que no le corresponde. Se piensa que la dignidad es algo que la persona tiene, y que depende de circunstancias externas y materiales, que cuando se modifican o se pierden arrastran consigo la dignidad de la persona, despojándola de ese bien valioso y apreciable.

Pero en realidad la dignidad está en el plano del ser, no del tener. Es decir, no es que los seres humanos *tengan* dignidad, sino simplemente que *son* dignos. Es importante profundizar un poco en estos conceptos para tener una idea más clara de lo que la dignidad significa.

La dignidad de la persona remite a la libertad fundamental o de apertura, al libre albedrío y a la libertad moral. Pero ninguna de ellas, por sí sola, es suficiente para instaurar la totalidad plenaria de esa misma realeza, precisamente porque ninguna de las tres se basta a sí misma, ni existe aislada de las otras dos. Libertad y dignidad son dos realidades que se exigen mutuamente pues son trascendentales.

---

[7]   M. Somerville, *Death Talk: The Case Against Euthanasia and Physician-Assisted Suicide*, Montreal, McGill University Press, 2014.

Lo que la dignidad sea es difícil de conceptualizar pues se trata de una cualidad indefinible y simple. Sin embargo, su comprensión intuitiva es patente. La dignidad de la persona es inviolable en el sentido de que no puede ser arrebatada desde fuera, aunque pueda ser lesionada cuando no se le respeta.

No es posible considerar a un hombre más persona que otro, sin embargo, sí es posible afirmar que una persona es mejor que otra; y es mejor por el incremento de la capacidad de obrar humanamente o, lo que viene a ser lo mismo, por la posibilidad real de actuar cada vez con más y mejor libertad. Esto quiere decir que a la intensificación de la dignidad que acompaña al ser mejor persona corresponde el robustecimiento del obrar específico y propiamente humano que deriva de la progresiva adquisición de la libertad moral. Una libertad que está en decidirse a actuar en orden al bien de la persona.

La libertad no está sencillamente en escoger entre las opciones que se le presentan a la persona: sólo se actúa libremente cuando la persona escoge el bien para sí misma y para todos, cuando se compaginan el bien individual y el bien común. Por eso, elegir eliminarse o pedir que se quite la vida no es ejercicio de libertad ninguno, pues no es un bien para la persona que se le prive de la vida, que es su primer derecho y el origen de todas las demás perfecciones, así sea de manera dulce, tranquila o placentera o para liberarla de una situación en apariencia invivible o insostenible.

Si se afirma que la dignidad puede intensificarse, se está diciendo que no todos los hombres tienen la misma dignidad, que hay un mínimo de ella que podría llamarse natural, y que es de la que participan todos los hombres sin excepción. A partir de ella, con las acciones personales, con el ejercicio de las virtudes, esa dignidad va creciendo en la medida en que la persona se hace mejor, gracias a la plenitud ética que va adquiriendo.

Hay necesidad de tener muy en cuenta aquella dignidad natural para dar a las personas el trato que tal dignidad demanda. Kant tenía razón cuando afirmaba que la persona no puede ser tratada nunca como medio, sino siempre como fin.[8]

Un campo que tiene particular importancia en la dignidad de la persona es su relación con los derechos humanos, porque del apropiado concepto que se tenga de dignidad tales derechos serán verdaderos derechos y no simples aspiraciones o demandas. Spaemann se plantea esta relación con la formulación de las siguientes preguntas: "¿Cómo se relacionan entre sí la dignidad humana y los derechos humanos? ¿Hay un derecho a la dignidad? ¿O es, por el contrario, la dignidad el fundamento de todo derecho?".[9]

Parecería que la respuesta la brinda la Declaración Universal de los Derechos Humanos, firmada en París en 1948. Sin embargo, la situación real de los derechos humanos en la actualidad produce un cierto pesimismo.

Uno de los orígenes de la actual insatisfacción en relación con los derechos humanos puede estar en que desde su promulgación no fueron lo suficientemente fundamentados: la Declaración de París hace depender tales derechos de la dignidad, pero no contempla su origen, ni la define y tampoco la precisa.

Un aspecto muy discutible que se presenta en la evolución de los derechos humanos es la aparición de nuevas generaciones de ellos. Los derechos civiles y políticos conforman una primera generación; los derechos económicos, sociales y culturales, una segunda. Hoy se habla de una tercera generación de derechos: derecho al desarrollo, a la paz, a gozar de un medioambiente sano, a la propiedad del patrimonio cultural de la humanidad, a la protección de los datos personales almacenados en sistemas informáticos o los derechos de las

---

[8]   I. Kant, *Fundamentación de la Metafísica de las costumbres*, París, Greenbooks, 2021.

[9]   R. Spaemann, "Sobre el concepto de dignidad humana", en C. I. Massini y P. Serna (eds.), *El derecho a la vida*, Pamplona, EUNSA, 1998.

generaciones futuras. Estos derechos originan no pocos problemas al intentar concretar quién es el titular de ellos, quién es el obligado a cumplirlos, cuál es el objeto y cuál el fundamento de esos derechos.

Hoy se propone una cuarta generación de derechos humanos. En esta categoría se han querido introducir pretensiones –más que derechos– de ciertos sectores o grupos sociales: "derechos reproductivos" (entre ellos el derecho al aborto libre y subsidiado por el Estado), derechos de los homosexuales, etc. Aunque parezca contradictorio, también se pretende el reconocimiento, dentro de los derechos humanos, del derecho de los animales y de la naturaleza. Los estudiosos están, en general, en contra de esta cuarta generación de "derechos humanos"; sin embargo, existen fuertes movimientos e intereses que buscan su reconocimiento. No fue otra cosa la que se vio en las últimas dos conferencias mundiales de la ONU sobre la población (El Cairo, 1994) y sobre la mujer (Pekín, 1995).

La dificultad evidente de convertir en acciones los derechos humanos puede estribar en el siguiente hecho: en general la formulación de París y sus posteriores revisiones, más que verdaderos derechos humanos, enumera una serie de bienes deseables de alcanzar, pero con una concepción de Estado y de poder político muy específico y nunca generalizable.

Los derechos humanos proclamados en la Declaración Universal de 1948 han sido defendidos partiendo de la ideología que les dio origen, el liberalismo; de la incompleta concepción que de la dignidad humana aportan, y de la interpretación que de la violación a esa dignidad asume.[10]

El liberalismo reconoce la dignidad humana en forma de defensa del individuo frente a la *polis*, es decir, en forma de dere-

---

[10] G. A. Gamboa-Bernal "Aniversario de la Declaración Universal de los Derechos Humanos: ¿más pena que gloria?", en *Persona y Bioética*, 2019, 23(1): 6-13. DOI: https://doi.org/10.5294/pebi.2019.23.1.1

chos individuales. Es un error considerar el bien particular como fin y una necesaria consecuencia de ello es el carácter abstracto de esos derechos así fundamentados.

Por el contrario, cuando el objetivo al que tienden los derechos humanos es el bien común, la exigibilidad de ellos es mucho más clara, no se presentan contradicciones ni conflictos entre ellos. En relación con el bien común es posible determinar de manera práctica el derecho de cada uno, es decir, lo que a cada uno le corresponde respecto de los demás. Sólo desde la base del bien común se puede establecer una priorización objetiva de los derechos. Sólo en la relación con el bien común los derechos se hacen verdaderos derechos, pues es esa relación la que genera la correlativa obligación de los demás sujetos. Y esto porque los derechos y los deberes son necesariamente correlativos, es decir, un derecho se tiene porque otro tiene una obligación. No es posible –y menos en nuestro medio– pensar que cuando se habla de derechos los deberes correlativos se suponen, siempre hay necesidad de explicitarlos y esto sólo es posible cuando existe la relación con el bien común.[11]

Un estudioso del tema afirma:[12]

El contenido de esta Declaración (la de 1948) comprende un conjunto de metas, de objetivos, de deseos que bien pueden ser positivos y encomiables, pero los deseos y propósitos no son por sí mismos derechos. No hay duda que el trabajo, el subsidio por desempleo, la asistencia médica, la educación gratuita, etcétera, son bienes, e incluso bienes profundamente humanos; pero

---

[11] J. G. Osorio, M. I. Victoria, G. Gamboa-Bernal, I Congreso de Felaibe, *Memorias*, Santa Fe de Bogotá, 1998. G. Gamboa-Bernal, *El ser humano y su dimensión bioética*, Bogotá, Universidad de La Sabana, 2014, pp. 193 y ss.

[12] A. Cruz Prado, "Derechos Humanos, ¿qué derechos?, ¿de qué humanos?", en *Nuestro Tiempo*, 1998, 3: 102-115.

un bien –por importante que sea– no constituye realmente un derecho por el mero hecho de ser un bien: la relación de esos bienes con las condiciones reales del bien común determinará qué bienes pueden ser verdaderos derechos.

La eutanasia produce menos casos de duelo patológico

El hecho de que en un estudio holandés[13] se hayan encontrado menos casos de duelo patológico entre amigos y familiares de los pacientes que murieron después de la eutanasia que con la muerte "natural", no puede llevar a la conclusión de que la eutanasia favorece la no presentación del duelo patológico; más bien se podría concluir que es muy cuestionable el afecto por los familiares o amigos que se someten a una eutanasia, pues los lazos de una familia nuclear muchas veces faltan o están tan deteriorados que una muerte no es muy significante para ellos. Otra forma de explicar la aparición del duelo patológico puede ser la existencia de condiciones preexistentes como la depresión.[14]

Cuando no hay calidad de vida se debe recurrir a la eutanasia

Aunque el concepto de calidad de vida tiene su origen en las ciencias sociales, económicas y administrativas,[15] en las ciencias de la salud "ha hecho carrera". Ahora se habla de "calidad de vida

---

[13] N. Swarte, M. van der Lee, J. van der Bom, J. van den Bout y P. Heintz, "Effects of Euthanasia on the Bereaved Family and Friends: A Cross Sectional Study", en *BMJ*, 2003, p. 327. Disponible en <http://dx.doi.org/10.1136/bmj.327.7408.189>.

[14] S. Bruinsma, H. Tiemeier, J. Verkroost-van Heemst, A. van der Heide y J. Rietjens, "Risk Factors for Complicated Grief in Older Adults", en *Journal of Palliative Medicine*, 2015, 18(5): 438-446. DOI:10.1089/jpm.2014.0366

[15] T. M. Beckie y L. A. Hayduk, "Measuring Quality of Life", en *Social Indicators Research*, 1997, 42: 21-39.

relacionada con salud"[16] como un concepto que se puede medir en aras de calificar a las personas en función de su calidad de vida y sobre todo de su bienestar.

Desde mediados del siglo XX el concepto de bienestar empezó a tomar fuerza gracias a la promoción que se hizo del Plan Marshall. Para sacar a flote a la Europa de la posguerra era necesaria una intervención sin precedentes en el campo económico y financiero, que tuviera como núcleo el consumo.[17]

Con Herranz se puede decir que

el movimiento a favor de la calidad de vida nació, repleto de beneficiosas promesas, para inspirar la mejora cualitativa de los tratamientos médicos, pero, paradójicamente, la calidad de vida erigida por algunos en criterio normativo supremo introduce, como caballo de Troya, no en la teoría ética, sino en la práctica clínica, una antinomia tremendamente peligrosa entre calidad y santidad de vida.[18]

La raíz de esta falsa oposición se encuentra en el relativismo de la filosofía utilitarista, pero también en el pragmatismo y en el mismo evolucionismo.

Bajo la premisa utilitarista de maximizar el placer y reducir el dolor para el mayor número de personas, el sufrimiento humano ha dejado de tener sentido y es considerado de modo equivocado como algo absurdo y hasta inmoral.[19] Por el contrario, el uso corriente de la

---

[16] A. Urzúa, "Calidad de vida relacionada con la salud: elementos conceptuales", en *Revista Médica Chile*, 2010; 138(3): 358-365. DOI. 10.4067/S0034-98872010000300017

[17] A. Leonard y A. Conrad, *La historia de las cosas*, México, Fondo de Cultura Económica, 2018.

[18] G. Herranz-Rodríguez, "La ética médica ante la vida humana: entre el respeto y el cálculo", en *Biogenética, aspectos culturales, científicos y éticos*, Bogotá, Celam, 1992.

[19] G. Herranz-Rodríguez, "Ciencia biomédica y Calidad de Vida", en *Vida y Pensamiento*, 1986, 6: 415-424.

expresión "calidad de vida" según esa forma utilitarista puede llegar a identificar lo placentero como lo éticamente correcto.

Hay necesidad de mostrar la ambigüedad que el concepto de "calidad de vida" lleva consigo,[20] para despojarlo de los componentes que lesionan al hombre y a la sociedad, e intentar ofrecer una alternativa que tenga en cuenta la dignidad trascendente de la persona y la función verdadera de la sociedad.

Cuando se habla de calidad de vida, hoy en día se acentúa sobre todo la relación necesidades-deseos: como la sociedad está en franco desarrollo y progreso, cuando son colmadas las necesidades básicas se busca siempre la satisfacción de las aspiraciones y los deseos para la conquista de un mayor bienestar. El resultado de la calidad de vida es el bienestar, que está también ahora relacionado con la salud; y como el bienestar para cada persona es percibido de muy distinta manera, se llega a él por muy distintas vías y puede admitir muy distintas interpretaciones, se genera una confusión notable que es motivo de múltiples dudas.

Esta ambigüedad se nota no sólo en el terreno de la salud, en el mismo lenguaje corriente no existe un único modo de entender calidad de vida, pues al menos se pueden distinguir cuatro connotaciones distintas: como afirmación de la calidad en oposición a la cantidad de consumo, de desarrollo, de recursos, etc.; como sinónimo de felicidad, de participación, de dimensión lúdica o simplemente de tranquilidad colectiva; o como concreción de la preocupación ecológica, en donde la calidad de vida sería sinónimo de calidad del ambiente; y además, por calidad de vida se puede entender el conjunto de bienes económicos que son necesarios para vivir.

La ambigüedad del concepto "calidad de vida" sale de la penumbra en la que casi siempre permanece cuando los profesionales de la salud se ven enfrentados con los problemas que tienen algunos

---

[20] C. A. Gómez-Fajardo, "Calidad de vida: un concepto equívoco", en *El Pulso*. Disponible en <http://www.periodicoelpulso.com/ediciones-anteriores-2018/html/feb05/opinion/opinion.htm>. Consulta: 27 de julio de 2022.

de sus pacientes: los crónicos o en estado de enfermedad terminal, quienes necesitan cuidados paliativos, o en las primeras fases de la vida, durante el periodo perinatal, cuando hay patologías congénitas o emergentes. También se ven sus efectos en los cambios que se dan en las personas que hacen del binomio bienestar-consumo una de sus reglas de oro; pero no sólo cambian ellos mismos, también sus costumbres, sus hábitos de vida, las leyes que elaboran, la educación de sus hijos, las exigencias y demandas que hacen, etcétera.[21]

En aquellas situaciones, luego de pasar por las fases que el ser humano experimenta frente a la noticia del fin de sus días,[22] generalmente "alguien" propone una "salida digna" argumentando desde la base de la calidad de vida. ¿Qué concepto es éste que puede servir como justificación de la supresión de una vida? Cuando se muestra la eutanasia como la única opción para un paciente o un familiar no es infrecuente que se esté pensando en la calidad de vida, que poco a poco va disminuyendo, que va desapareciendo y que por tanto hace imperativo terminar con esa vida, pues ya no tiene calidad, "ya no es digna de ser vivida". Así, la falta de calidad de vida se convierte en la "patente de corso" para la eutanasia.

Eutanasia es el mejor interés para la persona, para la sociedad o para ambas

Frente a una persona que sufre o padece dolores intolerables se pueden tener sentimiento de compasión, de solidaridad, de tristeza, etc. Pero los sentimientos, por su misma naturaleza, son siempre falibles, cambiantes y no resisten el paso del tiempo. Por eso es un error

---

[21]   T. Boer, "Euthanasia in a Welfare State: Experiences from the Review Procedure in the Netherlands", en *Philosophy Study*, 2012, 2(1): 51-63.

[22]   E. Kübler-Ross, *On death and Dying*, Nueva York, Macmillan, 1969.

soportar la decisión de "liberar" a una persona de esos dolores o sufrimientos en tales sentimientos.

La experiencia muestra que las circunstancias cambian, que se puede, mediante los cuidados paliativos, llegar a controlar muy bien el dolor y que la asistencia psicoterapéutica puede también manejar el tema del sufrimiento, ayudando a encontrar un sentido.

El mejor interés de un paciente no es que lo maten para aliviarlo de sus dolores o sufrimiento, sino que lo asistan para liberarse de ellos o le den los elementos adecuados para aprender a encontrarles un sentido.

El mejor interés para la sociedad no es deshacerse de las personas que por incompetencia médica o técnica no se puedan aliviar; una sociedad se hace mejor cuando protege de manera efectiva a sus miembros más débiles, a los más vulnerables, a los más indefensos.

Las mayorías respaldan la eutanasia y el suicidio asistido

El manejo de la opinión pública es determinante para estos temas. Las campañas de prensa, radio y televisión, e incluso también en el cine, influyen en el concepto que el común de la gente tenga sobre un tema como la eutanasia o el suicidio asistido.

Aparte de que una determinada cosa no cambia su valoración ética por el número de personas que estén o no de acuerdo con ella (el criterio de la mayoría en asuntos de ética no es pauta de acción, si se habla por supuesto de una ética objetiva), poco a poco se van conociendo datos de estadísticas y de encuestas que por lo menos generan duda sobre la aseveración de que la mayoría está de acuerdo con la eutanasia.

Pero también se conocen datos sobre cómo la manera de preguntar influye determinantemente en el resultado de las encuestas: en una encuesta de Gallup, en los EUA, se vio que la mayoría de los estadounidenses se mostraban a favor de permitir a los médicos que aceleraran la muerte de un enfermo terminal, pero que ese número se redujo hasta en 20% cuando se describe el proceso de cómo ayudar a un paciente a "suicidarse".[23]

Por otro lado, cuando los participantes en las encuestas están expuestos a contrarrestar con argumentos la legalización de esas situaciones, la favorabilidad a ellas disminuye hasta 30%, y aún más drásticamente cuando se ofrecen argumentos e implicaciones prácticas contrarias a ellas.[24]

Algo similar ocurre en otra latitud, en Australia. En un estudio publicado por el *Journal Bioethics Inqury* se muestran resultados análogos: los puntos de vista de los pacientes variaron significativamente según la redacción de las preguntas y su propia comprensión de la definición de la eutanasia.[25]

El diseño de las encuestas es determinante en este tema. Si se quiere un respaldo a la eutanasia se hace sólo una pregunta; cuando a las personas se les da una serie de opciones (y no sólo una opción), entonces hay más personas a favor de las sanciones legales en contra de la eutanasia que de apoyo.[26]

El cine se ha convertido en otro medio difusor de la eutanasia. No pocas películas han tenido esta temática,[27] pero está demostrado que tres de ellas se han constituido en "ariete" del tema: *Mar*

---

[23] L. Saad, *U.S. Support for Euthanasia Hinges on How It's Described. Support is at low ebb on the basis of wording that mentions "suicide"*. Disponible en <http://www.gallup.com/poll/162815/support-euthanasia-hinges-described.aspx>. Consulta: 21 de julio de 2022.

[24] *Public support for Falconer's 'Assisted Dying' Bill drops dramatically to just 43% when arguments against are Heard*. Disponible en <http://www.carenotkilling.org.uk/public-opinion/assisted-dying-public-opinion/>. Consulta: 21 de julio de 2022.

[25] L. Parkinson, K. Rainbird, I. Kerridge, G. Carter, J. Cavenagh y J. McPhee, "Cancer Patients' Attitudes Toward Euthanasia and Physician-assisted suicide: the influence of question wording and patients' own definitions on responses", en *Journal of Bioethical Inquiry*, 2005, 2(2): 82-89. DOI: 10.1007/BF02448847

[26] J. Hagelin, T. Nilstun, J. Hau y H.-E. Carlsson, "Surveys on Attitudes Towards Legalisation of Euthanasia: Importance of Question Phrasing", en *J Med Ethics*, 2004, 30: 521-523. DOI:10.1136/jme.2002.002543

[27] A. Tomas-Maier, "A Picture of Health", en *Journal Etica & Cine*, 2011, 1(1): 75-78.

adentro,[28] *La chica del millón de dólares*[29] y *El paciente inglés.*[30] La gente en general no está muy dispuesta a escuchar y tratar de entender argumentos, pero el lenguaje del cine les llega más directamente y con base en él se forman juicios sobre las temáticas que el séptimo arte les presenta, algunas veces gravemente erróneos.

Otro ejemplo del papel de los medios en estos temas es el despliegue que se hizo de la situación de Brittany Maynard, que hizo de la eutanasia y el suicidio asistido un protagonista durante varios meses; sin embargo, una situación paralela, la de Stephanie Packer apenas si fue conocida. Hay unas cuantas analogías en la historia de estas dos mujeres norteamericanas: las dos fueron diagnosticadas a los 29 años, Brittany de un tumor cerebral y Stephanie de una forma grave de esclerodermia; ambas estaban casadas y con los padres vivos; las dos recibieron tratamientos médicos agresivos. Pero hubo unas diferencias que hicieron que Brittany estuviera profusamente en los medios y en cambio Stephanie apenas se hiciera notar: la primera dejó de luchar pensando en los efectos secundarios de la radiación craneana posquirúrgica: caída del cabello, quemaduras, disminución de la calidad de vida, dolor persistente y resistente potencial, posibles cambios de personalidad y de pérdidas motoras, sensitivas y cognitivas; también pensó que su familia la vería deteriorarse y morir consumida. "Yo no quiero morir. Pero me estoy muriendo. Y quiero morir en mis propios términos", dijo.[31]

En cambio, para Stephanie la eutanasia o el suicidio asistido nunca fueron una opción, a pesar de que la esclerodermia afectó de manera profunda los pulmones haciéndole cada vez más difícil

---

[28] R. García-Manrique, "Mar adentro: la eutanasia para todos los públicos", en *Revista de Bioética y Derecho*, 2005, 2: 11-15.

[29] J. E. Gonzálvez-Vallés, "Eastwood se sube al ring para defender la eutanasia", en *Vivat Academia*, 2005, 67(4): 1-23.

[30] B. Ogando Díaz y E. Tejera Torroja, "Más allá de la empatía: la mirada compasiva en el cine", en *Revista de Medicina y Cine*, 2014, 11(1): 19-33.

[31] B. Maynart, "My right to Death with Dignity at 29", en *CNN*. Disponible en <http://edition.cnn.com/2014/10/07/opinion/maynard-assisted-suicide-cancer-dignity/index.html>. Consulta: 31 de mayo de 2022.

respirar, le produjo severos e insoportables dolores, crecientes dificultades para deglutir, etc. "Sé que el tiempo de mis pulmones llega a su fin, lo que hará que mi corazón deje de latir, y sé que va a suceder antes de lo que me gustaría –antes de lo que a mi familia le gustaría–. Pero no estoy centrada en eso. Mi atención está en el día de hoy, en mis cuatro hijos y mi familia. Morir puede ser hermoso y pacífico; es un proceso natural que se debe permitir que ocurra por sí mismo".[32]

Mucho menos publicitada fue la muerte de Nancy Verhelst, de 44 años de edad, en Bélgica, en 2013. Nathan (ése fue el nombre escogido para luego de la reasignación de sexo) quedó destrozado luego de dos cirugías de cambio de sexo; aseguraba que se sentía como un monstruo al mirarse al espejo. Solicitó la inyección letal por "un sufrimiento físico insoportable".[33]

---

[32] S. O'Neill, "When you Have the 'Right to die', but Don't Want to", en *CNN*. Disponible en <http://edition.cnn.com/2015/05/26/health/terminal-patients-against-assisted-suicide/>. Consulta: 31 de mayo de 2022.

[33] S. LaFuente, "Nathan Verhelst, el transexual con 'angustia extrema' que optó por la eutanasia". Disponible en <http://www.bbc.com/mundo/noticias/2013/10/131003_eutanasia_belgica_transexual>. Consulta: 25 de agosto de 2022.

3. Por qué la eutanasia no es una buena idea

No es un acto médico

No es posible que se confundan en la práctica del médico dos acciones: poder matar y deber matar. Sin ninguna duda, la primera es totalmente posible: el médico puede matar si utiliza sus conocimientos profesionales para realizar ese cometido, cuando sea requerido por el mismo paciente, por la legislación, o *motu proprio* cuando lo pudiera juzgar conveniente. Pero esto no quiere decir, de ninguna manera, que deba hacerlo, pues su fin, el que espera la sociedad de él, es justamente el contrario: ayudar, prevenir, curar y cuidar.

Ayudar a las personas enfermas está en la naturaleza del ejercicio de la medicina desde hace más de 5 000 años.[1] Esta ayuda no implica matarlas o ayudarlas a morir, sino asistirlas para prevenir la enfermedad, para intentar curarlas cuando el estado de salud se pierde, o sencillamente para cuidarlas y consolarlas cuando lo anterior no se puede realizar.

No se puede confundir poder matar con deber matar. El médico no se prepara para ser verdugo de sus semejantes, sino custodio de ellos. Matar no es un acto médico.[2]

---

[1] A. Jadad, El concepto de salud y la medicina del futuro. Disponible en <https://proyectos.scare.org.co/HistoricoPaginasMovil/medicinafuturosalejandrojadad.aspx>. Consulta: 22 de agosto de 2022.

[2] L. Kass, "Neither for Love nor Money: Why Doctor Must not Kill", en *The public interest*, 1989, 94: 25-46.

El acto médico podría enmarcarse dentro de tres formas de percibir la relación agente de salud-paciente.[3] La primera sería una relación contractual: el paciente demanda un servicio, soportado por su personal autonomía, y el médico debe prestarlo sin otro tipo de contemplaciones, salvo la adecuada retribución por su trabajo (modelo autonomista).

La segunda forma de relación agente de salud-paciente estaría soportada por la motivación unilateral del médico: su compasión, su sentido de benevolencia le permitirían atender a sus pacientes; en la base de la actuación estarían las buenas intenciones que pueda tener el médico, no tanto las solicitudes que puedan hacer los pacientes (modelo paternalista).

La tercera forma de relación agente de salud-paciente estaría determinada por la alianza que se puede establecer entre dos personas; una alianza en la que cuentan tanto la autonomía del paciente como la del médico, tanto el bien del paciente como la deontología del médico, que se pueden hacer compatibles para obtener el resultado natural de ayuda al semejante, proporcionando bienes reales y no aparentes (modelo centrado en la persona).[4]

El dolor y el sufrimiento no son inmanejables

Los problemas del dolor y del sufrimiento, cuando son inmanejables, llevan a que se considere como aparente alternativa viable terminar con la vida del paciente que los padece. Sin embargo, la "inmanejabilidad" de uno y otro están cada vez más en tela de juicio, pues los

---

[3] P. Arango-Restrepo, "La relación médico-paciente: un ideal para el siglo XXI", en *Rev. Médicas UIS*, 2012, 25(1): 63-69.

[4] C. Dopchie, "La instrumentalización del médico", en T. Devos *et al.*, *Eutanasia. Lo que el decorado esconde*, Salamanca, Sígueme, 2020, pp. 59-78.

recursos de la medicina del dolor son cada vez más amplios y los medicamentos antiálgicos cada vez más potentes.[5]

Cuando hay pacientes con dolores incontrolables, lo que debe revisarse es la competencia de los médicos para manejarlos y no la salida fácil de buscar la muerte para quien los padece. Sobre el sufrimiento inmanejable cabe una reflexión análoga: cuando se brinda la asistencia adecuada a una persona que sufre, cuando se es capaz de ayudarle a encontrar un sentido a ese sufrimiento, entonces la muerte deja de ser solución.

Detrás de estos argumentos se esconde y enmascara la incompetencia del personal de la salud para manejar con acierto y adecuadamente tanto el dolor como el sufrimiento humano. Si humanamente se considera que es imposible manejar el dolor y que el sufrimiento pueda tener algún sentido parecería que la consecuencia necesaria sea la eutanasia.[6]

Afortunadamente ni una ni otra posibilidad son reales en el momento actual del desarrollo de la medicina y de la psicología, como lo reconoce un buen número de profesionales de la salud de Bélgica, una de las cunas de la eutanasia:

> En nuestra opinión, sin embargo, esto automáticamente significa el fracaso radical del sector de la salud mental. El uso de "la muerte como terapia", posiblemente cuando se busca en realidad la eutanasia incluso si es solicitada, implica *a priori* la renuncia de lo que la terapia aún puede y debe ofrecer: la apertura inagotable de nuevas perspectivas.
>
> Como representantes de los distintos grupos profesionales directamente involucrados, de diferentes partes del país y de todas las diferentes líneas ideológicas, estamos alarma-

---

[5] J. Brederson, P. Kym y A. Szallasi, "Targeting TRP Channels for Pain Relief", en *European Journal of Pharmacology*, 2013, 716(1-3): 61-76.

[6] J. García-Huidobro, *Objetividad ética*, Valparaíso, Edeval, 1995.

dos por la creciente banalización de la eutanasia por motivos de sufrimiento mental.

Creemos que esta situación está intrínsecamente relacionada con el concepto de un acto que se basa en criterios subjetivos. Por eso insistimos en que permitir la eutanasia basada en el sufrimiento puramente psicológico debe ser removido de la legislación vigente.[7]

No hay "derecho a morir", es un derecho inventado

Lo que se llama "morir con dignidad" no es un derecho, y menos derecho fundamental. El auge que en la segunda mitad del siglo XX tuvo el derecho internacional, y con él los Derechos Humanos, propició un fenómeno llamativo: la "proliferación de derechos";[8] en algunos casos esta multiplicación ha sido legítima, pero en otros ha sido ilusoria, desorientadora o impulsada ideológicamente.

Cuando los deseos, las pretensiones, las aspiraciones, etc., se quieren elevar a la categoría de derechos se utilizan unas estrategias de transformación social. Generalmente se empieza apelando a los casos límite y luego, por la pendiente resbaladiza, se amplía la aplicación de la eutanasia; se utiliza un lenguaje especial compuesto por eufemismos y eslóganes; se "fabrican" unas estadísticas en las que los datos son inflados y se sacan de ellos unas consecuencias previamente establecidas y determinadas; se hace el "marketing" en los medios masivos de comunicación; se deslegitiman y ridiculizan las posiciones contrarias con epítetos llamativos (fundamentalistas, retrógrados, reaccionarios, etc.); se busca el apoyo de ONG, de organismos satélites de Naciones Unidas (cuando no han sido ellos mismos

---

[7] A. Bazan, G. van de Vijver, W. Lemmens *et al.*, "Schrap Euthanasie op Basis van Louter Psychisch Lijden uit de wet. De dood als Therapie?", en *De Morgen*, 8 de diciembre de 2015. Disponible en <http://www.demorgen.be/opinie/schrap-euthanasie-op-basis-van-louter-psychisch-lijden-uit-de-wet-b277b650/>. Consulta: 12 de diciembre de 2022.

[8] R. Martin "Carl Wellman, The Proliferation of Rights: Moral Progress or Empty Rhetoric?", en *Ethics*, 2000,110(3): 649-651. DOI: 10.1086/233344

quienes han puesto en práctica la estrategia)[9] o similares; se promueven debates cerrados donde no hay participación de todos los sectores y que además se manipulan; se hace el *lobby* en los organismos legislativos de los países en los que interese sacar adelante la iniciativa y finalmente se obtienen los resultados: se despenalizan, se legalizan o se masifican las conductas de unas minorías que con ello imponen dichas pretensiones con la fuerza de los nuevos derechos.

Pero tales estrategias no pueden forzar la realidad hasta el punto de convencer a todos de sus propósitos. Aunque se consigan algunos logros legislativos, siempre salen a la luz pública las verdaderas intenciones que le restan legitimidad a esos cambios forzados por artificios jurídicos o legislativos.

El llamado "derecho a morir" se consigue transitando por los pasos arriba mencionados. En el siguiente cuadro se ejemplifica esta realidad.

---

[9]   M. Peeters, *Marion-ética: los expertos de la* ONU *imponen su ley*, Madrid, Rialp, 2011.

Estrategia para crear el derecho a la eutanasia

Pasos de la estrategia	Casos de eutanasia en Colombia
Apelar a casos límite	Ovidio González, padre de "Matador"
Pendiente resbaladiza: con enfermedad degenerativa diagnosticada sin síntomas	Martha Ligia Sepúlveda, 51 años, ELA
Pendiente resbaladiza: sin enfermedad terminal	Víctor Escobar, 60 años, EPOC
Utilizar eufemismos y eslóganes	Muerte digna, morir sin sufrir, muerte dulce
"Fabricar" estadísticas	Como no hay en el país, se inventan o se utilizan las de Holanda y Bélgica
Hacer "marketing" en los medios de comunicación	Artículos en *Semana*, *Cambio*, programas de radio y TV
Deslegitimar las posiciones contrarias	Editoriales de los principales diarios del país
Apoyo de ONG, ONU o similares	Pro DMD. Federación Mundial del Derecho a Morir
Debates cerrados	Encuentro "Beatriz Kopp de Gómez"; Academia Nacional de Medicina
Lobby en los organismos legislativos	Dieciocho proyectos de ley que se han hundido en el Congreso
Despenalizar	Sentencia C-239 de 1997, y T970 de 2015
Legalizar	Resolución 1216 de 2015

Fuente: elaboración del autor.

Esta forma de influir en la sociedad fue perfectamente descrita por el politólogo norteamericano Joseph Overton; desde ese momento la estrategia se denomina "Ventana de Overton".[10] Según este autor, para cada problema o idea de la sociedad hay una ventana de oportunidad, que se puede ir moviendo de acuerdo con los intereses

---

[10] J. Lehman, "The Overton Window: A model of policy change", Mackinac Center for Public Policy, disponible en <http://www.mackinac.org/OvertonWindow#Explanation> Consulta: 17 de febrero de 2014.

de turno, de tal manera que es factible pasar de una etapa donde algo sea impensable, hasta llegar a una etapa donde esa misma idea o problema se consagra en la ley.

Overton describió la manera para *legalizar* cualquier tipo de idea. Dicha "tecnología" no sólo se trata de una serie de pasos que en teoría suponen unas acciones concretas, para llegar invariablemente al resultado deseado, sino que desafortunadamente ya ha funcionado y lo sigue haciendo: se utiliza para llevar al ordenamiento jurídico temas como la educación, políticas laborales, de salud y medioambientales, pero también el aborto, la misma eutanasia, el llamado *matrimonio gay*, etc. Tales acciones hicieron que el periodista Evgueni Gorzhaltsán calificara la estrategia como una "tecnología de destrucción", ya que "puede ser, como arma, más eficaz que la carga nuclear para destruir comunidades humanas".[11]

La ventana de Overton tiene las siguientes fases o etapas:

Etapas de la ventana de Overton	
1ª	De lo impensable a lo radical
2ª	De lo radical a lo aceptable
3ª	De lo aceptable a lo sensato
4ª	De sensato a lo popular
5ª	De lo popular a lo político

Se desnaturalizan tanto la ley como el derecho

La pretensión de elevar a derecho la práctica de la eutanasia, con independencia de los eufemismos que se utilicen para enmascararla o edulcorarla, hace que la percepción de la ley y el derecho cambien. Pero no precisamente en el sentido de una evolución positiva o de progreso jurídico. La ley debe ser reflejo de una garantía social que el

---

[11] E. Gorzhaltsán, *Destruction technology*. Disponible en <http://www.adme.ru/vdohnovenie/tehnologiya-unichtozheniya-614355/>. Consulta: 9 de septiembre de 2015.

Estado debe proveer a las personas; una garantía que sea acorde con la naturaleza de ellas y del Estado mismo. Cuando la ley se hace de espalda a esas dos realidades, en lugar de servir al hombre, antes o después –la historia lo ha mostrado con muchos y lamentables ejemplos–, esa ley propicia todo lo contrario: el Estado se sirve del hombre para alcanzar sus fines.

También hay que tener en cuenta que ni la ley ni el derecho representan la sociedad, sino que ella y él tienen su origen en quienes han sido elegidos para representar a esa sociedad. Por eso un derecho y una ley inadecuados, injustos o ficticios se vuelven en contra de quienes los originan: la confianza depositada en los organismos legislativos queda minada y sus miembros pierden la credibilidad que fue el principal motivo de su elección.

Además, se produce una perversión en el establecimiento del derecho: ya que éste no se puede configurar con los criterios que se contienen en una reglamentación, sino que el asunto es justamente lo contrario: el derecho es el que debe establecer esos criterios que hacen parte de las reglamentaciones.

Cuando se legisla en el tema de la eutanasia, en realidad lo que se hace no es crear, establecer o reconocer un derecho, sino que sencillamente se suprime el primero de ellos, el derecho a la vida, en contravía del derecho consuetudinario o incluso constitucional. Es patente que el derecho a la vida no es absoluto, por eso el ser humano no es eterno, pero sí es un derecho fundamental.

Esta desnaturalización de la ley y del derecho lleva irremisiblemente a que la ética jurídica y la biojurídica también queden lesionadas: ya no será posible hablar de objetividad ética ni de regulación jurídica justa de la vida. Se pasa a una instancia donde son las intenciones, en general "buenas intenciones", y las circunstancias las que priman y prevalecen para intentar mostrar que un acto objetivamente no ordenable al fin natural se vea como procedente y bueno. Esa misma lesión hace que hechos como la eutanasia, el homicidio por piedad y el suicidio asistido sean percibidos como derechos y además éticamente inobjetables.

La eutanasia no es un derecho, es sólo una alternativa y no la más humana, ni siquiera la mejor de ellas.

Tiende a extenderse también a los niños y los recién nacidos

Como se verá más adelante con un poco más de detalle, los países que legalizaron la eutanasia poco a poco han extendido los "beneficiarios" de la misma, empezando por Bélgica, hasta llegar a la eutanasia neonatal. Es el caso del llamado Protocolo Groningen.[12]

Nadie puede negar que los recién nacidos con enfermedades graves son un reto, de los más difíciles, de la práctica pediátrica; además de los desarrollos tecnológicos que favorecen el manejo de estos pacientes, las decisiones sobre cuándo intervenir o cuándo dejar de hacerlo no son complicadas, si se cuenta con conceptos bioéticos claros y el entrenamiento adecuado.

Un grupo de pediatras de la Universidad de Groningen, en los Países Bajos, desarrolló en 2005 un protocolo para "facilitar" esos procedimientos y permitir que las decisiones médicas de aplicar la eutanasia a recién nacidos, tomadas con base en ese protocolo, no tuvieran ningún problema legal.

Sin embargo, otros médicos que defienden la eutanasia neonatal se muestran muy críticos con el protocolo Groningen,[13] aunque estén de acuerdo con la legalización de la eutanasia neonatal en circunstancias excepcionales, como la única manera de evitar todas las malas prácticas "bien intencionadas" asociadas con poner fin a la

---

[12] E. Verhagen y P. Sauer, "The Groningen Protocol –Euthanasia in Severely Ill Newborns", en *N Engl J Med.*, 2005, 352: 959-962. DOI: 10.1056/NEJMp058026

[13] S. Vanden Eijnden y D. Martinovici, "Neonatal Euthanasia: A Claim for an Immoral law", en *Clin Ethics*, 2013, 8(2-3): 75-84. DOI: 10.1177/1477750913499494

vida en sus albores, pero realizadas de manera clandestina, como está ocurriendo en varios sitios de Europa.

La aplicación del protocolo sigue mostrando sus limitaciones y, en lugar de corregir los errores conceptuales que contiene, los médicos holandeses intentan "mejorar" la situación con la utilización de nuevos medicamentos para producir la muerte a los neonatos y dar recomendaciones para "aumentar la transparencia del proceso y mejorar la presentación de los informes de eutanasia".[14]

Un examen detallado del contenido del protocolo muestra que los criterios utilizados para intentar darle un piso racional a la práctica de la eutanasia neonatal no se soportan en principios éticos firmes.[15] Lo mismo ocurre con los criterios para la selección de embriones.[16]

Pero el proceso no se queda sólo en los recién nacidos: en Bélgica, desde 2014, es posible aplicar la eutanasia a los bebés y a los niños.[17] Sin embargo, también en estos casos los argumentos que intentan justificar esa práctica carecen de fuerza.[18]

En esta situación, al igual que en los demás casos donde la eutanasia se presenta como la solución para las personas que sufren, los cuidados paliativos son el recurso que se ha de poner en práctica,[19] para así brindar a quienes los necesitan las mejores condiciones para concluir su corto periplo vital respetando la dignidad de la que son

---

[14] E. Verhagen, "Neonatal Euthanasia: Lessons from the Groningen Protocol", en *Semin Fetal Neonatal Med.*, 2014, 19(5): 296-299. DOI: 10.1016/j.siny.2014.08.002

[15] F. Vizcarrondo, "Neonatal euthanasia: The Groningen Protocol", en *The Linacre Quarterly*, 2014, 81(4): 388-392. DOI: 10.1179/0024363914Z.00000000086

[16] "The Istanbul Consensus Workshop on Embryo Assessment: Proceedings of an Expert Meeting", en *Hum Reprod*, 2011, 4: 1-14.

[17] A. Siegel, D. Sisti y A. Caplan, "Pediatric Euthanasia in Belgium. Disturbing Developments", en *Jama*, 2014, 311(19): 1963-1964. DOI:10.1001/jama.2014.4257

[18] S. Hanson, "Pediatric Euthanasia and Palliative Care Can Work Together", en *Am J Hosp Palliat Care*, 8 de febrero de 2015. DOI: 10.1177/1049909115570999

[19] B. Carter, "Why Palliative Care for Children is Preferable to Euthanasia", en *Am J Hosp Palliat Care*, 2014, DOI: 2014 1049909114542648

titulares, con independencia de la edad, del tipo de enfermedad, de las opiniones de médicos y familiares, etcétera.[20]

No se puede pretender que sean los médicos quienes apliquen la eutanasia

Seguramente pasará como está ocurriendo con el aborto: los médicos practican cada vez menos abortos y la OMS –preocupada por esta realidad– ha recomendado un plan para extender el radio de las personas que hacen abortos:[21] enfermeras, parteras, auxiliares de enfermería, farmaceutas, etc. Sin embargo, el plan tiene sus limitantes al inicio: requiere de una inversión importante para capacitar a ese personal y certificarlo, luego proveer una supervisión de apoyo y diseñar la necesaria evaluación.

En el caso de la eutanasia, los médicos también están empezando a tomar distancia de esa práctica[22] y la OMS seguramente también propondrá algo similar: adiestrar otras personas para que la practiquen.

Es una forma de presión para los más vulnerables y quienes padecen discapacidad

Cuando las personas están viviendo una situación de discapacidad o se encuentran en las postrimerías de la vida, su condición de vulnerabilidad se incrementa, con independencia del tipo de patología que padezcan, del grado de evolución de éstas o el tipo de discapacidad

---

[20] R. Karplus, "La persona ante las cuestiones que plantea la eutanasia", en T. Devos *et al.*, *Eutanasia. Lo que el decorado esconde*, Salamanca, Sígueme, 2020, pp. 111-128.

[21] "Preventing Unsafe Abortions Through Task Shifting and Sharing", en *The Lancet*, 2015, 386 (9993): 504. DOI: <http://dx.doi.org/10.1016/S0140-6736(15)61461-1>.

[22] J. Keown, *Euthanasia, Ethics and Public Policy: An Argument Against Legalisation*, Cambridge, Cambridge University Press, 2002.

que tengan. Un enfermo, por el hecho de serlo, es una persona en condición de vulnerabilidad. Una legislación que favorece la eutanasia presiona de manera sutil, pero real, a quienes están en condición de vulnerabilidad; pues estas personas se sienten impelidas por el Estado (también por sus médicos y familiares que están de acuerdo con esa salida fácil) a "dejar de ser estorbo", a dejar de gastar unos recursos que pueden ser escasos y mejor aplicados a pacientes con más posibilidades de recuperación, etcétera.

Esta presión puede llevar a las personas vulnerables a que se planteen y decidan terminar con su vida, soportados por una legislación que les brinda una salida fácil, una aparente solución. Pero este mecanismo lleva implícita una gran injusticia: lo racional es que a las personas vulnerables se les brinde protección, apoyo, cuidado, asistencia, y no que se les empuje a tomar la determinación de morir o, peor aún, que no se les tome en cuenta y la decisión sea tomada sin su consentimiento.

Las personas discapacitadas y vulnerables no pueden estar tranquilas cuando el Estado, quien debería protegerlas, tiene mecanismos dispuestos para eliminarlas. Esta situación genera un grado de desconfianza tal que puede llegar a constituirse en sí mismo en una patología y que no permite a ese tipo de personas vivir con una mínima tranquilidad, la tranquilidad de saber que por lo menos no se les va a matar.

Se apoya la cultura del descarte

Con la eutanasia se da carta de ciudadanía a una manifestación más de la cultura del descarte: se puede prescindir de las personas que ya no son productivas o que son un lastre para la sociedad. Puede que para algunas personas la vida no sea considerada como sagrada, pero es patente que cada vida humana es un bien valioso por sí misma, con independencia de las circunstancias y determinantes a las que pueda estar sometida en un momento determinado.

Ese bien valioso que es la vida de cada persona humana no se puede tratar según la racionalidad tecnológica está intentando configurar la cultura de la posmodernidad: el valor de las cosas está en relación directa con su utilidad, con el rendimiento que puedan dar, con la aplicación industrial de la que puedan ser objeto, de su capacidad de producir dinero. Cuando se piensa de esta manera se está dejando de lado uno de los principios claves para que el ser humano pueda funcionar en el mundo: el principio de no contradicción, que lleva a que se diferencien con claridad lo que son las personas de lo que son las cosas.

Los efectos colaterales no son deseables

Las consecuencias colaterales de despenalizar o legalizar la eutanasia o el suicidio asistido no son pocas ni despreciables. Se produce una deshumanización en los sistemas de salud al vulnerarse una de sus bases principales:[23] la confianza; se deshumaniza la familia, que deja de ser el lugar natural de proteger al ser humano desde el inicio hasta el final de la vida; la labor del médico empieza a verse cubierta con un halo de sospecha; las personas con menos recursos, que no puedan acceder a los cuidados paliativos, pueden ver en la eutanasia la única salida, lo mismo puede ocurrir con una situación económica apretada en el núcleo familiar: como es más barata la eutanasia que los cuidados paliativos, los legisladores pueden dejarse permear e intentar dar solución a los problemas del sistema de salud que generan las personas con enfermedades crónicas o terminales; poco a poco se van eliminando los límites que protegen al ser humano, a la sociedad y al medio ambiente de su destrucción, etcétera.

Al promover la eutanasia y el suicidio asistido también se debe tener en cuenta que ese tipo de conductas llevan a la imitación: tanto

---

[23]   F. Trufin, "La eutanasia tras el decorado", en T. Devos *et al.*, *Eutanasia. Lo que el decorado esconde*, Salamanca, Sígueme, 2020, pp. 187-208.

el lenguaje sensacionalista de los medios de comunicación, como mostrar esas conductas despojándolas de sus reales consecuencias, relativizando, minimizando o mostrándolas como algo normal, llevan a otras personas que tal vez sufren o enfrentan problemas en apariencia insolubles a planteárselas como verdaderas salidas o soluciones. La Organización Mundial de la Salud es consciente de esta situación y en 2008 publicó una serie de pautas dirigidas a los periodistas[24] para ayudarles en su trabajo y que no se hagan cómplices de la difusión de estas consecuencias de una cultura de la muerte.

Otro efecto colateral reviste un mayor peligro: la extensión de la eutanasia sin consentimiento. Es un hecho que en Bélgica este tipo de práctica, que es ilegal –pues en ese país se requiere contar con la aceptación de la persona para proceder a su eliminación–, ha venido incrementándose conforme pasan los años. Un estudio de 2015 lo muestra:[25] en personas de más de 80 años los casos de eutanasia involuntaria (no pedidas por los pacientes) se elevaron al 52.7%; pero no sólo eso, también la eutanasia para personas que no sufrían de cáncer se elevó a 67.5% y además en un 77.9% el asunto no fue discutido con los directamente implicados.

Se replican errores cometidos, que difícilmente permiten dar marcha atrás

Editorial Planeta publicó en 2009 la traducción al castellano de un clásico sobre el suicidio asistido y la eutanasia: *Seducidos por la muerte*, de Herbert Hendin. En esta obra se basó el Tribunal Supremo de los

---

[24] World Health Organization. Department of Mental Health and Substance Abuse. Preventing Suicide A Resource for Media Professionals, Ginebra, 2017. Disponible en <https://apps.who.int/iris/handle/10665/258814>. Consulta: 26 de septiembre de 2022.

[25] R. Cohen-Almagor, "First do no Harm: Intentionally Shortening Lives of Patients Without Their Explicit Request in Belgium", en *J Med Ethics*. 2015, 41: 625-629. DOI:10.1136/medethics-2014-102387

Estados Unidos para establecer que no existe derecho constitucional al suicidio asistido. No es un libro cualquiera sobre la eutanasia. Es el informe serio y científico del director médico de la Suicide Prevention Initiatives y catedrático de Psiquiatría del New York Medical College, que frenó a la administración Clinton cuando se disponía a sacar una ley financiada con fondos federales. El autor fue llamado a declarar, resumiendo las conclusiones de su obra, ante el Congreso de los Estados Unidos. Herbert Hendin se había desplazado antes a Holanda para estudiar la posibilidad de legalizar la eutanasia; el resultado fue este clarificador informe, recogido en un libro que se lee como novela, y que tuvo un enorme efecto en la opinión pública norteamericana.

Una cosa es el debate social sobre este tema en los medios de comunicación, que se produce casi siempre en torno a un caso límite. Y otra cosa es el estudio serio de los resultados reales de la eutanasia en un país, con vistas a implantarla en el propio. Ahí es donde los gobiernos se vuelven atrás, como ocurrió en Francia e Inglaterra.

Ese estudio es lo que recoge el libro de Hendin, y es de agradecer que se haya hecho de forma muy amena, entremezclando la frialdad de los grandes números con la cercanía de muchos relatos narrados con gran viveza y humanidad. Son muy ilustrativas también las conversaciones del autor con los principales promotores de la eutanasia en Holanda, que van sazonando toda la obra. Allí se muestra con claridad por qué la eutanasia y el suicidio asistido no son unas buenas ideas.

4. Valoración ética del acto eutanásico

No pocas personan piensan que la eutanasia es problema exclusivamente médico, entre otras cosas porque afecta directamente a la medicina y a aquellas personas que ejercen su profesión en las áreas de la salud, a quienes casi siempre se les hace intervenir en la aplicación, más no en la legislación.

Pero, propiamente hablando, el asunto de la eutanasia no es un problema médico, pues su objeto está fuera de la razón de ser de la medicina. Nunca puede ser lo mismo ayudar a una persona para que enfrente su muerte sin lesionar su propia dignidad, que provocársela de una manera deliberada y directa.

La diferente valoración ética de estas acciones ha de ser necesariamente objetiva para que se entienda con claridad por qué la eutanasia es una forma de homicidio, así sea realizada con las mejores intenciones y en virtud de la compasión que se debe al enfermo que declina.

Para hablar de los aspectos éticos de la eutanasia, es decir, para aproximarnos a una cabal valoración de esa acción desde la perspectiva que aporta la ética, es imprescindible recordar los elementos constitutivos del acto humano.

Los actos humanos son aquellos en los cuales intervienen no sólo la razón sino también la voluntad y la libertad; es decir, son aquellos que se realizan con conocimiento y decisión libre.

Los clásicos distinguen los actos humanos de los actos del hombre. En estos últimos no hay voluntariedad, son aquellos que realiza el hombre sin el concurso de su decisión libre y espontánea.

Los actos humanos, por tener como elementos el conocimiento, la voluntad y la libertad, tienen tres propiedades que son la imputabilidad, la responsabilidad y el mérito o demérito. Cuando se habla de imputabilidad se hace referencia a que un acto puede ser atribuido a la persona que lo ejecuta. Muy unida a la imputabilidad está la responsabilidad u obligación que tiene la persona de responder por sus actos y por las consecuencias de éstos. Como resultado de la imputabilidad y de la responsabilidad se presenta el mérito o demérito, que mejora o degrada a la persona que realiza el acto.

Ahora es necesario caracterizar el acto desde la perspectiva ética. Toda acción humana es susceptible de ser valorada bajo un sentido ético, y esto en virtud de sus elementos y propiedades. Es decir, cada acción humana puede calificarse por el grado de bondad o maldad que en sí misma implica.

Un acto adquiere el calificativo de "éticamente bueno" cuando ha sido realizado en forma libre, consciente y se dirige al bien. Es decir, la persona realiza una acción éticamente buena cuando sabe lo que está haciendo. Escoge ese acto y lo hace por él mismo (libertad), como expresión de un carácter formado y estable. Lo realiza con plena voluntariedad teniendo en cuenta el bien que implica el fin del acto.

Sólo los actos humanos son objetos éticos pues únicamente la actuación que se conoce y se quiere libremente puede ser éticamente buena o mala y puede ser imputada a su agente.

La voluntad es una facultad que no conoce, tiende siempre a lo que la inteligencia le presenta como bueno y rechaza lo que le muestra como malo. En este sentido se puede decir que la voluntad es una facultad "ciega".

El conocimiento es parte esencial del acto humano pues sin conocimiento la voluntad no se mueve. El conocimiento puede ser pleno o semipleno, si se conoce a fondo la moralidad del acto que se ejecuta o si hay algún obstáculo que lo oscurezca. Si el conocimiento es menos pleno, es menos voluntario el acto.

Al conocimiento sigue la voluntad y, como en el conocimiento, la voluntariedad puede ser más o menos plena. Para la auténtica voluntariedad del acto se requiere que la voluntariedad sea plena.

Finalmente, para que haya una acción ética es necesaria la ausencia de coacción interna o externa en el querer de la persona, es decir, la persona es dueña de su acción. Si falta alguno de estos elementos, la acción deja de ser humana y pasa a ser un acto del hombre, según la distinción hecha más arriba.

Hemos dicho que si no hay voluntad no hay eticidad y que la acción procede desde dentro de la persona y excluye la violencia o la coacción. La persona conoce aquello en vista de lo cual la acción se cumple; es decir, la acción voluntaria procede de un principio intrínseco con conocimiento ético del fin y lo conoce como objetivo del obrar.

Este conocimiento es el origen de la acción, es un juicio práctico. El objeto de la acción es siempre un objeto inteligible, es construido por la razón práctica. La acción humana es una realidad intencional y también activa, la intencionalidad es siempre guiada por la razón. Pero la intencionalidad es diferente de la intención, como diferente es el objeto intencional de la descripción física de la acción.

Cuando se dice que la acción voluntaria tiene intencionalidad, se quiere expresar que toda acción voluntaria tiene un objeto; es decir, que "la intencionalidad es una característica de los actos de la inteligencia y de la voluntad que consiste en su esencial apertura hacia un objeto".[1] Y esa apertura hacia un objeto es una relación entre la acción u objeto intencional con un motivo, que ha de estar conforme con el ser de la persona, con su esencia, con su existencia.

Un ejemplo muy a propósito del tema que se está tratando ayuda a dar claridad a este planteamiento: el matar a una persona es una acción que puede tener varios objetos éticos y por tanto una

---

[1]   A. Rodríguez-Luño, *Ética general*, Pamplona, Ediunsa, 2012.

valoración ética distinta. Si se mata a un agresor por hacer respetar el propio derecho a la vida, el objeto ético es el rechazo de una acción que compromete la propia vida; pero si se mata a otra persona por un motivo distinto, el objeto ético de ello es privar a otro de un bien sobre el cual no se puede tener ningún derecho.

Resumiendo, puede decirse que el objeto ético es aquello a lo que tiende naturalmente el acto, dependiendo de la relación que hace la razón con el motivo que lo origina.

Ahora hay que distinguir entre ese motivo y el fin del acto, otro de los elementos que constituye las fuentes de la eticidad. El fin es lo que el agente se propone lograr al realizar un acto; es decir, es el objeto de la voluntad, el bien que hace actuar esta facultad. El fin es, pues, lo que es visto como bueno o apetecible en sí mismo y, por tanto, es querido u obrado por sí mismo.

El objeto ético es el *finis operis*, el fin de la acción en sí misma; el fin o intención es el *finis operantis*, el fin de quien actúa.

No sobra recordar que la plenitud de perfección que hace bueno un acto humano está en su ordenación al fin último. Esta ordenación se lleva a cabo a través del objeto ético y del fin del agente. El objeto es el elemento material de esa ordenación ya que muestra si la acción es ordenable o no al fin último. El fin es el elemento formal, porque determina al objeto haciendo que un acto que de suyo es ordenable, esté o no ordenado de hecho.

Si la acción no es ordenable al fin último, es necesariamente mala; si es ordenable, tiene una cierta bondad, que será plena sólo cuando la voluntad de quien actúa se adhiere a esa ordenación del acto al fin último.

Que un acto humano sea bueno o malo depende en primera instancia del objeto que la voluntad deliberada elige con base en un razonamiento adecuado. Con esta afirmación se sale al paso de aquellas doctrinas que de manera errónea hacen depender primariamente la eticidad del acto humano bien de las circunstancias, bien de las intenciones, como es el caso de algunas doctrinas éticas denominadas "teleológicas", entre ellas el proporcionalismo y el consecuencialismo.[2]

Para hacer una valoración ética adecuada, hay necesidad de empezar a valorar el objeto intencional de la acción; es decir, hay que empezar a valorar el *finis operis* de ella. Para esto es necesario entender que dicho objeto es elegido racionalmente por la voluntad deliberada.

Si bien es cierto que el objeto ético es el fin natural de la acción, el captarlo adecuadamente ha de hacerse desde la perspectiva de la persona que actúa. Es muy importante tenerlo en cuenta pues cada valoración ética, lejos de ser una fría y lejana reflexión sobre un hecho mecánico o impersonal, es una reflexión que involucra sustancialmente a un alguien que libremente actúa, y ese alguien es siempre una persona con la incondicionalidad y singularidad que le son propias.

La eticidad de las acciones humanas no puede ser, por tanto, valorada en serie o en bloque; es decir, no es posible aprehender las acciones humanas sin tener en cuenta la persona individual que actúa. Desde esta perspectiva se ha de acometer la valoración ética.

Todo acto humano goza de los efectos de una de las características de la intencionalidad de la voluntad. Toda acción voluntaria, además de tener un objeto intencional, tiene a la misma persona que actúa por objeto (pero no como objeto intencional) y revierte sobre el sujeto personal. Esto no ocurre con la inteligencia, pues ella no es autorreferencial como sí lo es la voluntad. Es por esto que cualquier acto humano perfecciona éticamente a la persona, pero sólo cuando el objeto del acto de la voluntad es elegido libremente y, sobre todo, conforme con el orden de la razón, que causa la bondad de la voluntad. Además, un acto que perfecciona a la persona agente le dispone para captar el fin último en el Bien perfecto.

---

[2] C. Orrego, "John Finnis, Controversias contemporáneas sobre la teoría de la ley natural", en *Acta Philosophica*, 2001, 10(1): 73-92.

Si, por el contrario, ese objeto del querer no es conforme con el orden de la razón, con lo que la recta razón le muestra como bueno, la persona que actúa –lejos de perfeccionarse– se deteriora y se inhabilita para conocer con claridad su fin último.

En cada acto voluntario la persona se determina también a sí misma, se hace mejor o peor persona, por el fuerte compromiso que sus actos libres tienen en la tarea de su autoconstrucción. La persona es el único ser comprometido, se compromete a quienes se abre y mediante sus obras buenas se abre a los demás y también a su fin último.

Pero las obras de la persona pueden no permitir su apertura, su compromiso. Una persona se cierra cuando lo querido por su voluntad es desordenado, cuando lo querido es un mal ético, cuando no es ordenable a su fin último.

Dentro del proceso interno del obrar humano hay necesidad de tomar en cuenta, luego del objeto ético, la intención o fin de la persona que actúa *(finis operantis)*, y las circunstancias que rodean la acción. Pero también hay necesidad de dejar claro que la sola intención no basta para que una acción humana sea calificada como buena, no se puede obrar mal para conseguir un bien.

Tampoco las circunstancias, esos modificadores inherentes a la persona que actúa y sobre la acción misma, pueden determinar por sí solas la bondad de la acción humana; para que ella sea buena, es decir ordenable al fin último y que respete los elementos esenciales de la naturaleza humana, hace falta que, tanto el objeto ético como la intención de la persona que actúa y las circunstancias que rodean una y otra, sean también buenas.

Para completar estas reflexiones, es necesario hacer mención del objeto directo e indirecto de la voluntad.

Así como la función propia del entendimiento es el conocer, la función propia de la voluntad es querer. Pero siempre se ha de conocer o querer un algo o un alguien, es decir cada facultad se dirige a un término específico, a un objeto propio. En el caso del entendimiento ese objeto propio es la verdad, en el caso de la voluntad es el bien.

Siendo más precisos, habría que decir que el objeto propio de estas dos facultades es el ser; para el entendimiento en cuanto verdadero, para la voluntad en cuanto bueno.

El objeto propio de una facultad es, pues, aquel principio que la activa, que la pone en funcionamiento. Y esto es lo que hace el bien respecto de la voluntad.

Ese bien ha de ser captado primero por el entendimiento que se lo presenta a la voluntad para que actúe. Cuando el entendimiento presenta como bueno algo que no lo es, la voluntad puede elegir un bien que sólo es aparente. La voluntad actúa en vistas a un bien, aunque a veces pueda no ser tal.

El objeto directo de la voluntad es el bien. Pero la razón de bien puede tener diversas formas:

a) El fin, que es presentado a la voluntad como bueno o deseable en sí mismo.

b) Lo bueno en sí mismo, que puede ser honesto o deleitable. El bien honesto es el que se presenta como objetivamente bueno y digno de ser amado por sí mismo, tiene un carácter objetivo, la persona se reconoce en él y lo aprueba. El bien deleitable es aquel que se presenta como satisfactorio, placentero y es querido en la medida que produce en la persona una resonancia afectiva positiva.

c) El bien útil o finalizado es aquel que no es querido por sí mismo, sino que se presenta como ordenado a la realización o consecución del fin. Es querido, no en sí mismo, sino en virtud de otra cosa cuya consecución resulta útil.

Hay que tener en cuenta que las distintas clases de bienes no cumplen la razón de bien de igual manera: el honesto es el más propio bien, luego se encuentran el deleitable y el útil. Esta distinción entre los diversos tipos de objetos de la voluntad es una distinción que no sale de las cosas, sino de las distintas maneras como la persona ve la razón de bien en ellas.

En resumen, el objeto directo de la voluntad es aquello por lo que la voluntad pasa a la acción. Ese objeto puede ser fin, porque interesa por sí mismo; o ser medio, porque sirve para otra cosa que también se quiere directamente.

La voluntad puede tener también un objeto indirecto, es decir un objeto colateral que, aunque ha sido previsto, es inevitable y además no se quiere como fin ni como medio, pero forma parte indirecta de la constelación intencional. Este objeto indirecto, que no se quiere, sólo es aceptado o sufrido porque no hay más remedio. Para que un efecto previsto de la acción se considere efecto indirecto, tal efecto no puede ser la causa o realización de aquello que se quiere como fin.

Para la licitud o eticidad de una acción con objeto voluntario indirecto es necesario que la acción no sea mala en sí misma, que el efecto bueno no sea fruto del efecto malo, que la intención de la persona sea buena y además ha de haber proporción entre el efecto bueno querido y el efecto malo sólo tolerado.

La filosofía clásica ha denominado a los objetos directo e indirecto de la voluntad como voluntario directo, en el primer caso y como voluntario indirecto en el segundo.

Tres ejemplos ayudarán a precisar estos conceptos.

a)	El equipo tratante de un paciente terminal por cáncer decide administrar altas dosis de narcóticos para combatir el dolor. Los narcóticos en dosis elevadas pueden matar a la persona o al menos disminuir su tiempo de vida; lo que buscan los médicos no es esto, sino tratar de librar al paciente del dolor, el voluntario indirecto es el daño que esos medicamentos puedan causar a un organismo ya deteriorado, incluso acortando la vida del paciente.

b)	A un estudiante de medicina en prácticas se le indica que debe hacer un procedimiento que está en contra de la ética. El estudiante se niega a realizarlo porque quiere mantener libre su conciencia de culpa (voluntario directo) y actuar de acuerdo con lo que la deontología médica indica. Sabe que su renuencia (objeto ético) puede causar una sanción o una mala evaluación (voluntario indirecto).

c) Un paciente con un tumor cerebral localizado en las inmediaciones del área de Brocca es sometido a una intervención quirúrgica tendiente a la extracción del tumor. El neurocirujano sabe que luego del procedimiento el paciente puede perder la capacidad de hablar. El médico actúa buscando extraer la neoplasia (voluntario directo) pero con el riesgo de dejar a su paciente mudo (voluntario indirecto).

No es posible dejar de mencionar, para comprender a cabalidad la valoración ética de la eutanasia, qué es la ley natural.

La ley natural es el orden racional por el que el hombre dirige y regula su vida y sus actos, estructurando su capacidad de vivir principios éticos por el conocimiento de aquello que se debe hacer y aquello que se debe evitar, en vista del fin último.

La ley natural no es una ordenación biológica. Es una ordenación racional que permite identificar las finalidades, los derechos y los deberes fundamentados en la naturaleza corporal y espiritual de la persona humana.

La existencia de la ley natural se prueba por el conocimiento que tienen todos los hombres de un orden ético intrínseco, es decir, que hay acciones que son buenas o malas por su propia naturaleza.[3] Esta distinción se presenta al entendimiento con fuerza de ley que lleva a hacer lo bueno y a evitar lo malo. Éste es el primer principio ético, que puede enunciarse así: "Haz el bien y evita el mal". En el orden especulativo tiene el hombre otro primer principio, el de no contradicción.

---

[3] J. Finnis, *Natural Law and Natural Rights*, Oxford, Oxford University Press, 2011.

Ese primer principio ético, por ser tal, es evidente por sí mismo, es decir, no exige demostración; tiene alcance universal y por tanto es válido para todos los hombres; y es la raíz y fundamento de la eticidad de todas las acciones.

La ley natural tiene otras características: es objetiva, única, inmutable y universal.[4] De estas características se derivan importantes consecuencias: la eticidad de los actos humanos sólo accidentalmente depende de las circunstancias; es decir, los cambios que se producen en la historia, en la cultura, en las costumbres no inciden esencialmente en ella.

Ninguna autoridad humana puede abrogarse el poder de modificar o derogar la ley moral natural. Cuando así sucede, por ejemplo, cuando se legaliza el aborto, son leyes injustas y no obligan éticamente a ser cumplidas. La ley natural obliga a todos los hombres, de todos los tiempos, sin distinción de cultura, raza, sexo, creencia religiosa, etcétera.[5]

La bondad o malicia de un acto no es subjetiva, es decir, no depende de lo que la persona sienta u opine, no está sujeta al gusto o al criterio de la mayoría, la eticidad tiene una consistencia objetiva.

Cada persona tiene una percepción espontánea de la ley natural. Todo conocimiento práctico tiene su inicio en la aprehensión de bienes razonables de desear. Hay algunos de esos bienes que son captados por la naturaleza.

Cualquier situación, acción o disposición ético-positiva puede ser entendida por la persona en virtud de ese conocimiento ético natural que hace posible su inteligibilidad.

El hombre por su misma naturaleza es un ser ético, tiene inscrita en su interior una ley que le hace posible tener experiencia de lo ético. Lo natural de la ley natural está en que originariamente es

4   G. Gamboa-Bernal, "La ley natural: una de las claves de la bioética", en *Persona y Bioética*, 2010, 14(1): 5-9.

5   R. Spaemann, *La visión universalista de la ley natural*. Disponible en <http://www.aebioetica.org/rtf/universalista.pdf>. Consulta: 21 de mayo de 2022.

racional y la razón es uno de los elementos específicos de la naturaleza de la persona humana.[6] Ésta es una explicación hecha desde la dimensión gnoseológica.

También se puede abordar la ley natural desde su dimensión antropológica. La naturaleza de la persona humana tiene una ordenación interior por su estructura ontológica, que le permite tender hacia el bien; y todas las exigencias éticas responden al bien de la persona en cuanto ser racional. Es decir, el contenido de la ley natural incluye todo aquello a lo que la persona está inclinada en virtud de su naturaleza. El hombre está inclinado a obrar según su razón y le es propio ordenar sus acciones según la virtud que busca siempre el bien. Por eso, todos los actos de las virtudes son el contenido de la ley natural, ya que lo que ordena la razón es obrar virtuosamente.

La ley natural es norma universal y objetiva de eticidad. La persona en cada uno de sus actos singulares debe procurar aplicar la norma universal a su actuar concreto. Esto lo hace por medio de la conciencia ética. Es decir, dentro del orden ético la ley es la norma universal y objetiva que dice lo que está bien o mal. La conciencia es la norma particular y subjetiva que dictamina la eticidad de cada acto concreto; gracias a la conciencia la persona aplica el saber ético al acto.

La conciencia ética se define como el juicio práctico hecho por el entendimiento sobre la bondad o malicia de un acto a partir de la ley natural.

Es un juicio práctico, es decir un acto de la razón práctica que compara una acción con las exigencias éticas. Esa comparación la realiza el entendimiento antes del obrar (conciencia antecedente), después de obrar (conciencia consecuente) y durante el acto (conciencia concomitante). Dicha comparación sirve, respectivamente,

---

[6]   A. M. González, *Claves de ley natural*, Madrid, Rialp, 2006.

para advertir la bondad o malicia de la acción, para aprobar o desaprobar lo hecho y para verificar o atestiguar la eticidad de un acto en curso.[7]

Ese juicio práctico no se debe confundir con el juicio de elección o libre albedrío: cuando la razón compara el acto con las exigencias éticas se habla de conciencia ética, pero cuando además de esta comparación se tiene en cuenta también la afectividad de la persona, se habla de juicio de elección. Es decir, la conciencia es sólo un acto del conocimiento, mientras que en el juicio de elección se aplica el conocimiento al afecto.

Esto se prueba al verificar que es posible elegir mal, pero sin padecer error en la conciencia, y también lo contrario: es posible que una persona elija, llevada por una mala conciencia, en este caso por supuesto será siempre una mala elección.

Por la relación que establece la conciencia con la ley natural (con el bien de la persona) puede ser recta si está de acuerdo con ella o errónea en caso contrario. Se tiene conciencia errónea cuando no se alcanza la verdad sobre la calidad ética de la acción, valorando como buena una acción que de suyo no lo es y por tanto es contraria al bien de la persona.

La conciencia puede ser inducida al error por la ignorancia: cuando mediante el estudio o el consejo se puede remover esa condición se le llama vencible; o invencible cuando ni siquiera la persona es consciente de que puede estar en el error.

En relación con el grado de seguridad, la conciencia puede ser perpleja o probable si cree que obra mal realizando un acto o también si lo omite, dictaminando sobre la eticidad de un acto sólo con probabilidad, admitiendo la posibilidad opuesta.

Se llama dudosa si tiene razones en favor o en contra de la bondad del acto (duda positiva) o si no tiene ninguna razón a favor o en

---

[7] G. Gamboa-Bernal, *El ser humano y su dimensión bioética*, Bogotá, Universidad de La Sabana, 2014.

contra (duda negativa). La conciencia es cierta cuando juzga sin temor a equivocarse.

La conciencia cierta es regla ética; la inseguridad en el juicio (conciencia probable y dudosa) no es regla ética.

En resumen, se puede decir con R. Spaemann que "la conciencia es la presencia de un criterio absoluto en un ser finito".[8]

Después de esta larga reflexión, vamos a centrarnos en estudiar el objeto ético de un acto de eutanasia, para así poder realizar una valoración objetiva y certera.

El objeto del acto de la eutanasia es quitar la vida a un ser humano, es matar. Si "no matar" es un absoluto ético,[9] es decir, una acción que siempre y en cualquier caso y con cualquier intención o circunstancia debe ser mantenido o sostenido, todo acto de eutanasia no tendría otro calificativo ético que el de una acción gravemente errónea y equivocada.

Kant, al postular su imperativo categórico, nos dejó una definición que bien se puede adoptar para esclarecer la existencia o no de los absolutos éticos. Imperativo para Kant es "la fórmula de un mandato de la razón, entendiendo por tal mandato la representación de un principio objetivo por el cual la voluntad queda obligada".[10]

El principio objetivo que soporta el mandato de no matar, y por tanto el imperativo ético de no dar muerte a otra persona, es la intangibilidad de la propia dignidad.

Pero la dignidad hace referencia al ser, al ser personal; no hace referencia al plano de las manifestaciones, donde está la autonomía: propiamente hablando no se tiene dignidad, la persona es digna. Por ello la persona es intangible, irrepetible, única, la única novedad en el cosmos. La persona no se puede "tocar" ni por ella misma: no puede

---

8   R. Spaemann, *Ética: cuestiones fundamentales*, Pamplona, Ediunsa, 2005.

9   J. Finnis, *Absolutos morales*, Madrid, Ediciones Internacionales Universitarias, 1992.

10   I. Kant, citado por H. Kelsen, en *Teoría general de las normas*, México, Trillas, 1994.

disponer de su vida y de su dignidad a su antojo, así pueda con sus actos construirse o destruirse.[11]

En virtud de su dignidad, la vida del ser humano es indisponible, sólo se puede disponer de aquello que se tiene en propiedad, pero la persona únicamente puede poseer su propio ser de tres maneras: la pura, la simplemente natural y la práctica, y ninguna de estas maneras permite poseer para quitar o suprimir la propia vida y mucho menos la de los demás.

> En la primera de ellas, y en oposición a lo que ocurre con los otros dos modos, el hombre tiene su ser sin asumirlo, o, dicho de otra manera, sin hacérselo suyo: tal como tiene, por ejemplo, el árbol su carácter de árbol. Esta manera simplemente fáctica, de poseer el ser, no está medida por ningún saber ni, en consecuencia, por ningún libre querer; de suerte que, aunque resulta compatible con ciertas actividades, no incluye ni presupone, en modo alguno, que su sujeto sea para sí mismo, especulativo ni práctico. En cambio, ya por el hecho de tener una noticia de sí, el hombre asume su ser, se lo hace suyo, en una peculiar actividad que consiste, tan sólo en reconocérselo. [...] Por último, el hombre asume su ser de una manera práctica cuando hace uso de su libertad en consonancia con la naturaleza que él posee: diciendo sí, con los hechos, a las exigencias objetivas que de ella resultan.[12]

La indisponibilidad característica de la persona humana tiene sin embargo una orientación: no es que el hombre no esté disponible para nada, ni para nadie, la disponibilidad de la persona tiene sólo un norte, que es la realización de una tarea.

---

[11] J. Finnis, "The Priority of Persons", en J. Horder (ed.), *Oxford Essays in Jurisprudence: Fourth Series*, Oxford, Oxford University Press, 2000, pp. 1-15.

[12] A. Millán-Puelles, *Obras completas*, Vol. VI, Madrid, Rialp, 2014.

> Quiéralo o no, el hombre es para sí mismo una tarea [...]. Este radical menester le viene del hecho mismo de ser hombre: un hecho ciertamente singular y paradójico, por ser, como quien dice, un hecho a medias, la cantidad de hecho necesaria para que sea posible la tarea de hacerse a sí mismo hombre. Somos libres, o sea, no estamos hechos del todo; pero somos, o sea, tampoco lo tenemos todo por hacer. Para que nuestro libre hacernos sea una tarea realmente efectiva [...] es menester que ya seamos de alguna manera unos seres reales, algo en lo que ya existe un haber natural [...]. De lo contrario, el hombre se haría a sí mismo de la nada, lo cual exigiría ser más que Dios [...]. Ni el hombre ni Dios se crean, y no porque el crear sea imposible, sino por no ser posible autocrearse.[13]

Resumiendo con el autor que se ha venido citando, al final se puede afirmar que:

> Tan cierto como que el tema de la ética no puede constituirlo ninguna actividad independiente del libre albedrío, es que ese tema tampoco puede cifrarse en una conducta ajena a la naturaleza humana. Dicho de otra manera: para que el hombre llegue a actuar plenamente en calidad de hombre –y de ese tipo de comportamiento es el que la ética se ocupa– no basta con que haga uso del libre albedrío, sino que también ha de cumplir unas determinadas exigencias –racionalmente captadas y libremente asumidas– que tienen por fundamento la naturaleza dada en él.[14]

Es un imperativo para el hombre, apoyado en su naturaleza, el no matar y el no matarse. Es por ello que todo acto de eutanasia

---

[13] A. Millán-Puelles, *Economía y libertad*, Madrid, Rialp, 1974.

[14] *Idem.*

es gravemente desordenado, éticamente inviable y socialmente inaceptable. La eticidad de los actos humanos está definida por la relación entre la libertad del hombre con el bien auténtico. Cuando no se da esa relación, cuando los actos humanos no son ordenables al bien auténtico se está frente a actos intrínsecamente malos, es decir, se está frente a actos que por sí mismos son gravemente ilícitos en razón de su objeto. Todo esto ocurre cuando se ejecuta un acto de eutanasia.

5. La cultura de la muerte en el gremio médico y el sentido del sufrimiento

Sherwin B. Nuland, en su libro *Cómo nos llega la muerte*,[1] plantea la situación de la ayuda médica al suicidio presentando dos conocidos casos. Aunque la valoración ética que hace de cada uno de ellos es, por lo menos, cuestionable, sí son valiosos para introducirnos en este tema.

Antes de pasar a comentar esos dos casos, es importante exponer una observación que este mismo autor hace en el libro mencionado, confrontando su propia experiencia profesional con los testimonios de dos médicos famosos que, a principios del siglo XX, hicieron observaciones relacionadas con las actitudes que se tienen al morir.

El doctor Nuland no oculta su perplejidad al comentar la descripción de los registros tomados en el lecho de muerte de 500 personas por William Osler, "estudiadas particularmente con referencia a las formas en que se presenta la muerte y a las sensaciones que acompañan al moribundo". En los registros tomados por el doctor Osler sólo fueron encontrados 90 casos (18%) donde aparecen pruebas de dolor y desasosiego. En el mismo sentido refiere los comentarios de Lewis Thomas, que yendo más lejos afirmó: "He visto agonía en la muerte sólo una vez en la vida y fue en un paciente víctima de la rabia".

---

[1] S. Nuland, *Como nos llega la muerte: reflexiones sobre la etapa final de la vida*, Bogotá, Norma, 1998.

La experiencia del doctor Nuland ha sido distinta, según él: uno de cada cinco pacientes (20%) "han estado llenos de sufrimientos dignos más bien de un purgatorio". Aunque las cifras hablan por sí solas, la actitud frente a la muerte es distinta.

Si bien el hecho de morir sigue siendo el mismo desde que el hombre es hombre, el medio y las circunstancias en las que ese evento personal se produce sí que han cambiado: morirse hoy es distinto. Varios elementos confluyen para que se presente esta realidad: el avance de la ciencia y la tecnología médicas, la presencia de los medios de comunicación y las redes sociales, la influencia cada vez más creciente de la sociedad de consumo –sobre todo en Occidente–, el fenómeno de la violencia que ya no requiere de motivos ni respeta fronteras, etcétera.

Buena parte de las muertes se produce en centros asistenciales, cada vez es más raro morir en la casa, rodeado de los seres queridos y asistido espiritualmente, con tiempo y medios para tomar las determinaciones pertinentes a la situación. En los Estados Unidos más del 80% de las muertes ocurren en clínicas y hospitales, porcentaje que se incrementó durante la pandemia de covid-19.[2] En torno al morir ha crecido un floreciente negocio.

Pero a pesar de lo anterior, y con una omnipresencia y cercanía de la muerte –al menos en nuestra sociedad occidental– casi no se reflexiona sobre ella. Se evita hablar de la muerte, se le sigue considerando como un tabú. Isa Fonnegra de Jaramillo, en su libro *De cara a la muerte*,[3] ofrece y comenta el resultado de una encuesta que en este sentido se hizo en Colombia.

Todo esto hace que las actitudes frente a la muerte sean hoy distintas y que también frente al hecho del suicidio se puedan tomar actitudes diversas, dependiendo de un gran número de factores,

---

[2]   J. Q. Xu *et al.*, "Mortality in the United States, 2021", en *NCHS Data Brief*, núm. 456. M.D. Hyattsville, National Center for Health Statistics, 2022. DOI: https://dx.doi.org/10.15620/cdc:122516

[3]   I. Fonnegra, *De cara a la muerte*, Bogotá, Andrés Bello, 2001.

entre los cuales sobresale el distinto manejo emocional ante el caso de una persona que se quita la vida.

Si bien es cierto que no corresponde aquí hacer una valoración ética sobre el suicidio, sino sobre su ayuda médica –que siempre será una forma de eutanasia–, puede ser interesante hacer unos comentarios relacionados con ese fenómeno.

El suicidio es una práctica que no es nueva. Lo cierto es que en las últimas décadas se ha incrementado llamativamente su frecuencia. Algunos datos tomados del Boletín estadístico de Medicina Legal y Ciencias Forenses de Colombia[4] y de un estudio adelantado por Medicina Legal en Medellín proporcionan un material valioso para reflexionar sobre esta práctica.[5]

Casi no se presentan suicidios en los estratos 1 y 2, como tampoco en desplazados ni en indigentes. La mayoría de los suicidas son profesionales, con un trabajo o empleo, y además jóvenes. Casi todos han manifestado a terceros su intención de quitarse la vida y la mayoría deja un escrito donde se pide perdón y se tratan de explicar las razones que empujaron a tomar la determinación fatal.

Contrario a lo que cabría esperar, los suicidios generalmente no se presentan cuando la persona se encuentra en alguna fase activa de enfermedad depresiva, sino cuando está saliendo de ella.

Nuland trae cifras del suicidio en los Estados Unidos: al año hay aproximadamente 30 000 suicidios y la mayoría de ellos en adultos jóvenes. El país con más alto índice de suicidios es Japón, seguido por Suecia y Holanda. La gran mayoría de los suicidas utiliza los métodos tradicionales: armas de fuego, armas punzocortantes, ahorcamiento, barbitúricos, gas, o alguna combinación de ellos.

También es conveniente hacer referencia a una "insidiosa forma de conducta gradualmente autodestructiva" que algunos denominan

---

[4]   Medicina Legal, Colombia, Boletín estadístico, abril de 2021. Disponible en <https://www.medicinalegal.gov.co/documents/20143/628335/Boletin+abril+2021.pdf>. Consulta: 30 de mayo de 2022.

[5]   R. Manrique, E. Vélez, F. Ochoa, L. Fernández y R. Escamilla, "Comportamiento del suicidio en Antioquia: 1998-2000", en *Revista CES Medicina*, 2002, 16(3): 7-17.

"suicidio habitual crónico" haciendo alusión al uso y al abuso de drogas, alcohol, el conducir vehículos sin utilizar medidas de seguridad, las costumbres sexuales peligrosas, el ser miembro de una banda o pandilla, etc. Este suicidio habitual crónico despoja progresivamente a la familia y a la sociedad de personas –en su gran mayoría jóvenes– que por su talento y posibilidades podrían llegar a hacer contribuciones sociales y culturales de relevancia.

Luego de estas digresiones, es hora de retomar el tema principal. El 20 de agosto de 1961 moría en Estados Unidos el premio Nobel de Física Percy Bridgman, pero no por las consecuencias de la etapa terminal del cáncer que padecía sino en un acto de suicidio "racional". Este profesor de la Universidad de Yale había trabajado hasta ese día, a sus 79 años, y la nota que dejó ha desatado una gran controversia que persiste hasta hoy, pues no hay visos de que termine pronto. En la nota se decía lo siguiente: "No es razonable para la sociedad hacer que un hombre se haga esto a sí mismo. Probablemente éste será el último día en que sea yo capaz de hacerlo".[6] Fue una decisión pensada y meditada largo tiempo y compartida con algunos colegas y amigos.

La queja que manifiesta en su último mensaje, en el que deplora el suicidio sin ningún tipo de ayuda, puso sobre el tapete un nuevo "deber" que deberían tener los agentes de la salud: colaborar con los pacientes para que hagan efectiva su ideación suicida. Es la ayuda médica al suicidio. Muy reveladoras y claras son las palabras del propio Bridgman que a un colega suyo había referido: "Me gustaría sacar ventaja de la situación en que me encuentro para establecer un principio general, es decir, que cuando el fin definitivo es tan inevitable como parece ser ahora, la persona tenga el derecho de pedir a su médico que se haga cargo de ello".

Este tipo de conducta, y de exigencia, se ha venido poniendo de moda y las instituciones que defienden y propugnan el supuesto derecho de morir dignamente han hecho presión en todos los

---

6   S. Holton, "Percy Williams Bridgman", en *Bulletin of Atomic Scientists*, 1962, 18(2): 22-23.

niveles para lograr no sólo un cambio de legislación, sino también todo un cambio de mentalidad de la población en general.

Hasta ese momento los suicidas venían siendo duramente cuestionados, estigmatizados (ellos y sus familias), despojados de algunos derechos humanos y divinos, etc. Pero hoy las cosas son diferentes. Ya no se tienen en cuenta las palabras de Kant a este respecto: "El suicidio no es abominable por el hecho de que Dios lo prohíba, sino que Dios lo prohíbe porque es abominable".[7] Antes bien, se hace cada vez mayor y más fuerte eco a filósofos existencialistas y nihilistas, que veían en el suicidio la forma más decorosa de abandonar este mundo de miseria.

Los medios de comunicación han contribuido en buena medida a la expansión de esta nueva costumbre. En periódicos y revistas, en programas de televisión y de radio, los defensores de la ayuda médica al suicidio han encontrado una buena y frecuente palestra.

Otro de los componentes de la cultura de la muerte, a la que se pretende se matricule también el cuerpo médico, es la presión que se ejerce sobre éste para aceptar como un hecho de la práctica ordinaria y corriente la conducta de ayudar a un semejante a cometer suicidio.

Y es que querer utilizar el conocimiento médico para respaldar y ejecutar una acción como la que se viene hablando, se ha constituido en una nueva demanda que, al parecer, cualquier persona puede formular a las instituciones médicas, a los profesionales de la salud y al mismo Estado.

Pero no sólo es la opinión pública manipulada la que propende por tal derecho. Hay también médicos que apoyan la iniciativa y hasta se hacen sus abanderados. En este sentido, debe recordarse al tristemente famoso doctor Kevorkian, procesado y condenado a prisión por llevar a la práctica, en varias ocasiones, sus ideas

---

[7]   M. J. Cholbi, "Kant and the Irrationality of Suicide", en *History of Philosophy Quarterly*, 2020, 17(2): 159-176.

"progresistas". Afortunadamente el número de profesionales que comulgan con ideas similares es mínimo y, en general, las asociaciones y federaciones médicas en todo el mundo se han pronunciado en contra de esta forma de aplicar la medicina.

Nuland habla en el libro citado de dos casos que pueden servir para ejemplificar cómo puede cambiar la percepción de los médicos frente a este tipo de situaciones.

El primer caso que menciona el doctor Nuland apareció publicado en 1988 en el *Journal of the American Medical Association* (*JAMA*). Se trata de una comunicación firmada por un ginecólogo joven donde se relata la "ayuda" que prestó a una mujer de 20 años que padecía un cáncer diseminado y que pedía alivio para el sufrimiento que la embargaba. Tal súplica fue asumida por el médico como un ruego a poner fin a sus días y actuó en consecuencia aplicando una sobredosis de morfina.

La condena del cuerpo médico no se hizo esperar, pero su postura negativa sólo duró tres años. Éste es el segundo caso: en el *New England Journal of Medicine* apareció, en 1990, un artículo firmado por el doctor Timothy Quill de Rochester, donde se describe el caso de una paciente suya a quien le había diagnosticado, tres y medio años antes, una leucemia con un pronóstico sombrío.

El trato frecuente con ella y el conocimiento de su deseo de preferir la muerte a renunciar a la calidad de vida y someterse a una gradual pérdida de control de su cuerpo, como consecuencia de la quimioterapia ofrecida, poco a poco fueron permeando al doctor Quill hasta aceptar la decisión de su paciente y compartir y validar las motivaciones que la animaban. No tuvo inconveniente en prescribir los barbitúricos que ella pedía para llevar a cabo la decisión que "racionalmente" había tomado. La conducta del doctor Quill fue alabada y puesta como ejemplo de cómo el buen médico ha de tratar a sus pacientes, acompañándolos hasta el final.

El estudio de estos dos casos de asistencia médica al suicidio no puede quedarse en la periferia. Un primer comentario hay que hacer al llamado "suicidio racional", es decir, aquella decisión de quitarse la vida precedida de una ponderada, prudente y detenida reflexión: una decisión libre y autónoma que puede tomar la persona cuando las circunstancias la acorralan o está viviendo una situación insostenible.

La psiquiatría enseña que en un muy alto porcentaje de las personas que cometen suicidio están presentes factores psicopatológicos que pueden explicarlo y que hacen que pueda estar más o menos comprometida su capacidad de juzgar con objetividad[8] sobre situaciones tan trascendentales como la que nos ocupa.

Aun admitiendo el bajo porcentaje de personas sanas que buscan el suicidio, en las que sí se podría hablar de "suicidio racional", cualquier argumento para justificar la decisión de quitarse la vida incluye al menos cinco errores conceptuales.

1. No es posible arrogarse el derecho de disponer de la propia vida, entre otras cosas porque la vida no se tiene en propiedad, nadie es propietario de su vida. El ser humano ha recibido la vida como un regalo, no como una posesión y frente a ella ha de constituirse en buen administrador de ese bien que recibe.

2. El conocimiento humano es falible y aunque el hombre pueda comportarse racionalmente, se puede equivocar en ciertas ocasiones, con más frecuencia cuando las circunstancias le presionan, como en el caso de la ideación suicida. Y un error nunca puede servir de base a un derecho.

3. El bien que se persigue es sólo aparente y nunca ordenable al fin aportado por la naturaleza del propio hombre.

4. Es al menos contradictorio un ejercicio de la autonomía personal cuyo resultado es, en el caso del "suicidio racional", la eliminación de la misma persona autónoma.

---

[8] Y. R. Guzmán-Sabogal, "Educación en riesgo suicida: una necesidad bioética", en *Persona y Bioética*, 2006, 27(2): 82-98.

5. Cuando se toma la decisión de quitarse la vida, la persona hace un mal uso de su libertad, pues al ser la libertad sólo relativa, y nunca absoluta, la persona no puede rebasar las restricciones que naturalmente ese ejercicio tiene, pues la libertad es para buscar el bien; cuando, en aras de una mal entendida libertad, el hombre tiende al mal, está corrompiendo su uso: aunque la libertad humana sea *de*, también y principalmente es libertad *para*, y éste es su sentido positivo.

Por otro lado, y en palabras del mismo doctor Nuland:

Después de haber declarado que la muerte individual es por necesidad un elemento integral en el patrón de continuidad biológica, agrego ahora que es evidente el hecho de que la naturaleza no necesita ayuda. Sus propias manipulaciones celulares hacen innecesario y, a fin de cuentas contraproducente, matar a otros y a nosotros mismos.

Es decir, se argumenta desde una postura biológica, recurriendo al concepto de apoptosis, lo improcedente del suicidio así sea éste "racional".

Pero si, desde la perspectiva de la persona que quiere su propia muerte, no es posible validar éticamente tal acción, desde la perspectiva del médico, o de cualquier miembro del equipo de salud, ocurre exactamente lo mismo.

La voluntad del paciente, o en el caso de incompetencia la de sus familiares, por autónoma, libre, consciente y constante que sea, no es razón suficiente para que el médico actúe en concordancia con ella, cuando juzga –con una conciencia recta y clara– que tal determinación está por fuera de su competencia ética y moral. Es decir, ni el médico, ni ninguna persona, tienen por qué obrar mal por petición de otro, ni tampoco pueden ser obligados a hacerlo.

En este sentido, hay que mencionar la importancia del ejercicio de la objeción de conciencia, sobre la que se tratará más adelante. Pues una encrucijada en la que no cesan de aparecer conflictos entre ley y conciencia es la eutanasia.

Los profesionales de las ciencias de la salud se encuentran, cada vez con más frecuencia, ante concretas obligaciones profesionales cuyo cumplimiento consideran incompatible con el respeto a unos valores éticos que su conciencia les presenta como indiscutibles.

Más allá de la dimensión genérica, religiosa o ética, de toda actitud objetante, por la que el objetor quiere defender su identidad como persona ética, la objeción de conciencia sanitaria incluye una declaración específica acerca del carácter intrínsecamente ético de las profesiones de la salud. Con la objeción de conciencia se afirma que, en el profesional íntegro, existe un vínculo indisoluble que entrelaza su habilidad técnica con sus convicciones éticas. El objetor no sólo se niega a ser una marioneta accionada por quienes legislan y mandan, sino que, mientras objeta, proclama que la ética es el corazón de su trabajo.

Y aunque en general el cuerpo médico se ha opuesto a ser utilizado para constituirse en la herramienta operativa de la eutanasia, lo más grave es que la decisión de poner fin a la vida del paciente puede ser patrimonio del médico, con o sin el concurso de los familiares o allegados. El médico se constituye, cuando así obra, en el "demiurgo" que decide por él mismo sobre una materia en la que no tiene ninguna competencia: las vidas ajenas. Porque al ejercer su voluntad, el médico –o cualquier otra persona– no puede tomarse atribuciones que excedan o lesionen a la misma naturaleza; y es en ésta donde se funda el derecho a la vida y no en ninguna voluntad creada.

Cuando se presenta la asistencia médica a la eutanasia, se procura que cada decisión sea estudiada por más de un médico. La confrontación de la opinión del médico tratante con otros colegas suyos tiene como finalidad el evitar que, con posterioridad a la eutanasia, se presenten errores en el diagnóstico y en la viabilidad de la acción ya realizada. Este inciso, que se encuentra explícito en las regulaciones jurídicas proclives a la eutanasia, es muy curioso: tal confrontación ha de hacerse antes de ejecutar la acción que se tiene proyectada; si se hace *a posteriori* sólo puede servir para dotar al acto eutanásico de una supuesta homogeneidad de apreciación, que en nada beneficia al paciente. Da pie para que se establezca entre los médicos una especie de "círculo de complicidad": "Yo te avalo y tú me avalas", que es lo más opuesto a la sana relación que ha de existir entre los colegas.

La confraternidad que ha de existir entre los médicos está muy por encima de la sola relación amistosa, que con no poca frecuencia puede degenerar en un mal entendido espíritu de cuerpo que desprecie los derechos de los pacientes o se vuelva contra ellos, como en el caso de la eutanasia. Hay que tener en cuenta que cuando se da esta perversión de la relación entre médicos se tiende siempre a considerar como buenas, en cualquier caso, las acciones de los colegas.

Cuando se presentan conflictos, el médico no debe estar siempre y en cualquier circunstancia a favor de sus colegas: si la actuación de uno o varios de ellos es considerada por debajo del nivel de atención médica competente, a la que todo paciente tiene derecho, ha de prevalecer la defensa del derecho del paciente sobre la del colega. El colegaje nunca puede ser la justificación del encubrimiento, la ignorancia, el engaño o la negligencia.[9]

El sentido del sufrimiento

Cuando se llega a tener una aproximación adecuada al sentido del sufrimiento humano, se sale al paso, de manera eficaz, a la cultura de la muerte que está permeando a toda la sociedad y al gremio médico como parte de ella.

El dolor y el sufrimiento son dos realidades en la vida de los seres humanos que no son completamente sinónimas y que además se

---

[9]   G. Gamboa-Bernal *et al.*, *Bioética en la práctica. Casos comentados*, Bogotá, Universidad de La Sabana, 2013.

pueden dar con independencia de la enfermedad. En primer término, hay que tener presente que se trata de realidades que acompañan la vida del ser humano desde su nacimiento influyendo profundamente en su desarrollo y conformación, y que sólo concluyen después de la muerte.

A pesar de su característica de inevitables el hombre trata de desvincularse de ellas censurándolas, rechazándolas como inútiles y, en muchos casos, evitándolas siempre por cualquier medio y en toda circunstancia ya que son consideradas, sobre todo en el momento actual, como males tremendos.

Tanto el dolor como el sufrimiento producen cambios en el ser personal pues, de alguna manera, radicalizan las actitudes del hombre: frente al dolor y al sufrimiento la persona se hace mejor o se deshumaniza.

Pero hay necesidad de hacer algunas distinciones entre dolor y sufrimiento para lograr un acercamiento más cabal a ellos, a fin de tratar de entender su porqué y su para qué.

El dolor hace referencia al orden de lo somático, de lo orgánico: es una sensación desagradable producida por estímulos de carácter perjudicial, es un signo que indica que en el orden fisiológico se está perdiendo la armonía, es una "protesta del organismo".

El sufrimiento tiene otras características, aunque en algunas ocasiones tiene su origen en el dolor físico: es más interior, más psíquico, está en relación con otros factores (personalidad, capacidad de respuesta frente a las contingencias de la vida, carácter, tono vital y espiritual de la persona, sentidos internos); el sufrimiento es la experiencia personal que suscita un evento que contraviene o contraría la tendencia natural del hombre al bien, a la felicidad; la experiencia dolorosa es mucho más compleja que la sensación de dolor. El sufrimiento surge cuando el hombre interioriza tanto el dolor físico como aquello que se opone a su bien o a su felicidad.

La realidad fisiológica del dolor tiene su importancia en la medida en que se puede hacer intolerable o inmanejable. Sin embargo, el desarrollo biotecnológico ha incrementado las posibilidades de utilizar medicamentos cuyo poder antiálgico es cada vez más alto.

Ahora los procesos posoperatorios y sobre todo las enfermedades neoplásicas pueden cursar en ausencia de dolor, precisamente por el manejo que se hace de esos nuevos medicamentos. Ya son prácticamente inexistentes los dolores que no se pueden controlar, manejar o mitigar. Por otro lado, las clínicas de dolor no se circunscriben a la utilización de fármacos, sino que hay otros muchos recursos comprobados para el manejo del dolor.[10]

Las líneas que siguen versan preferentemente sobre el sufrimiento humano, dejando de lado el dolor físico, pero retomando sus consecuencias para el ser personal del hombre, y así tratar de explicar el sentido antropológico del sufrimiento.

La primera pregunta que surge en torno al sufrimiento es su "por qué". Como se ha dicho, el sufrimiento es una realidad que la experiencia manifiesta a diario; sería necio negar el sufrimiento humano, es una realidad que el hombre enfrenta, pero la causa de su existencia está envuelta en el misterio, principalmente cuando se ve esa realidad encarnada en una persona inocente e indefensa. Sólo con el tiempo se puede llegar a tratar de desentrañar su causa, aunque en ocasiones muchas personas nunca lleguen a ello.

La respuesta al porqué del sufrimiento es sencilla, pero por lo mismo difícil de asimilar: el ser humano sufre porque además de ser viviente, sabe que lo es; pero no sólo esto, el hombre sufre principalmente porque tiene corazón.[11]

El sentido del sufrimiento es un poco más intrincado que su causa. Y si se decía que algunas personas no llegan a entender el porqué del sufrimiento, muchas más no pueden encontrar respuesta al para qué. ¿Qué sentido puede tener el sufrimiento humano?

---

[10] M. Almushait, Abdel Ghani R., "Perception toward Non-Pharmacological Strategies in Relieving Labor Pain: An Analytical Descriptive Study", en *Journal of Natural Sciences Research*. 2014, 4(2): 5-12.

[11] D. von Hildebrand, *El corazón*, Madrid, Palabra, 2005.

El ambiente actual no ve ningún sentido, significado o valor al sufrimiento del hombre; un enrarecido concepto de "calidad de vida" lo excluye de plano como un verdadero mal, que hay que evitar a toda costa o eliminar cuando se presenta. La calidad de vida, correctamente entendida, lejos de desestimar el sufrimiento lo considera como una realidad que es casi siempre susceptible de contribuir al crecimiento integral de la persona. Al sufrir, la persona no ve mermada la calidad de su vida, antes, por el contrario, le puede encontrar sentido.

Es un hecho que el hombre reacciona al sufrimiento con la natural tendencia a rechazarlo, pero no porque necesariamente lo considere un mal en sí mismo, sino porque el sufrimiento contradice la vocación radical del hombre a la felicidad. Esto tampoco quiere decir que el sufrimiento sea antihumano, o inhumano y mucho menos antinatural.[12] Simplemente es una manifestación más de que el hombre está llamado a realizar su propia naturaleza y reacciona cuando esto se le dificulta o se le impide. En este sentido, en el plano ético, el sufrimiento puede ser valorado como bueno: el criterio de bondad o maldad depende de la relación que se establezca hacia la perfección de la naturaleza y al cumplimiento de los fines.

Una buena y positiva manera de ver el sufrimiento referido a la persona humana es considerarlo como una posibilidad; la decisión de "aprovecharlo" está en el interior y depende directísimamente del grado de comprensión que la persona tenga de su potencialidad de perfección. También influye, aunque menos, el grado de equilibrio psicoafectivo que la persona posea y su capacidad de manifestarlo.

Ante el sufrimiento, el hombre puede decidir encerrarse en sí mismo o darse con generosidad; puede contraerse sobre su instinto o abrirse al mejor conocimiento de sus limitaciones existenciales y de sus recursos espirituales; puede revelarse ante su destino o

---

[12] W. Lemmens, "Eutanasia y autodeterminación: quien sufre quiere estar acompañado", en T. Devos *et al.*, *Eutanasia. Lo que el decorado esconde*, Salamanca, Sígueme, 2020, pp. 79-94.

reorientarlo y conducirse a su verdadero y trascendente fin; puede hacerse la criatura más desdichada o alcanzar la felicidad por un camino sólo en apariencia heterodoxo.

"Una respuesta afectiva –y el sufrimiento lo es– nunca puede surgir por una simple causación, sino por una motivación".[13] Esto quiere decir que el sufrimiento no depende tanto de las circunstancias externas a la persona, cuanto de su estructura interior y de la manera como el núcleo personal reacciona ante tales circunstancias, de la capacidad de la persona para encontrar el sentido a ese sufrimiento porque se le ha dado un motivo.[14]

Lo anterior se explica mejor con una anécdota que Viktor Frankl refiere de su vida profesional:[15] llega a su consulta psiquiátrica un colega suyo quien recientemente ha quedado viudo y se encuentra desesperado; como su paciente no es una persona religiosa, el terapeuta no apela a argumentos sobrenaturales para ofrecer el consuelo que su culto colega necesita. Sólo se le ocurre preguntar:

—¿Usted amaba mucho a su esposa?

—Mucho –le contesta–; ésa es la razón de mi desesperación.

De nuevo le pregunta:

—Si usted hubiera muerto en lugar de ella, ahora sería su esposa la que estaría sufriendo, ¿verdad?

—Sin duda –responde el médico.

—Pues alégrese, doctor, porque está usted ahorrando un gran dolor a su mujer.

El desconcierto inicial dio paso a una reacción positiva: aquel hombre había encontrado un motivo para su sufrimiento.

El sentido del sufrimiento humano puede encerrar muchas propuestas:

---

[13]   D. von Hildebrand, *El corazón, op. cit.*, p. 66.

[14]   B. Beuselink, "El sentido del sufrimiento o el sentido de la vida a pesar del sufrimiento", en T. Devos *et al., op. cit.*, pp. 153-172.

[15]   V. Frankl, *El hombre en busca de sentido*, Barcelona, Herder, 2011.

Para una persona que está en formación, el sufrimiento es un factor importante. Nadie puede negar la importancia de la obediencia, de la disciplina, de corregir los defectos, de no dar todo lo que el apetito demanda, etc.;[16] estas tareas implican necesariamente un grado mayor o menor de sufrimiento para la persona que se está formando, pero que es indispensable para la adquisición de las virtudes o para desterrar los vicios.

A través del sufrimiento la persona realza su existencia humana, puede despertar a la dimensión espiritual o profundizar en ella.

La persona que sufre puede descubrir y palpar con claridad su condición humana con las limitaciones propias de ella, su dependencia, sus problemas más existenciales, su radical carácter "creatural".

Y también puede darse cuenta de que es capaz de enfrentar retos grandes, de su capacidad de superación, de sus potencialidades tal vez dormidas y vírgenes, o de los prejuicios que impedían su desarrollo pleno.

El sufrimiento ayuda a trascender, mejora la creatividad, fortalece la esperanza. Une a las personas y facilita su comprensión mutua; quien sufre, o ha sufrido, comprende mucho mejor a los demás.

El sufrimiento facilita el despegarse de las cosas, el trascender el plano del tener para desplegarse en el plano del ser.

La perspectiva humana permite ver el sentido del sufrimiento en los anteriores considerandos; pero ésta no es la única perspectiva vital del ser humano, y esto han de tenerlo siempre presente los agentes de salud que, por razón de su trabajo, sirven a sus semejantes dolientes.

La perspectiva trascendente aporta una luz, y muy potente, para encontrar el sentido al sufrimiento. Los cristianos saben, con la seguridad que da la fe, que el sufrimiento no es consecuencia del pecado o de la culpa, que no es una realidad privada de sentido (aunque a veces cueste trabajo entenderlo), el creyente sabe que el sufrimiento

---

[16] F. Corominas, *Educar hoy*, Madrid, Palabra, 2014.

es una prueba, a veces sumamente dura, mediante la cual se puede identificar mejor con el Hijo de Dios, que se hizo hombre para salvar a la humanidad y que, inmolándose en una cruz, a la vez que redimió al hombre, ennobleció el sufrimiento.

No conviene olvidar este sentido del sufrimiento ya que, muchas veces la experiencia lo demuestra, es el único camino que hace llevadero tanto el dolor como el sufrimiento, que permite no sólo soportarlo sino sobre todo aceptarlo y con ello hacerlo más humano y valioso para la persona que lo padece, para sus familiares, amigos y personal sanitario.[17]

Se concluye este tema con un texto del psicólogo y psiquiatra vienés Viktor Frankl, quien en su propia vida palpó y padeció tanto el dolor cuanto el sufrimiento mientras estaba prisionero en un campo de concentración nazi.

Intentemos ahora dar una respuesta a la pregunta de por qué el sentido que el sufrimiento ofrece al hombre es el más elevado de cuantos podemos imaginar. Pues bien, ello se debe a que los valores de actitud demuestran ser más excelentes que los valores creadores y vivenciales, en cuanto que el sentido del sufrimiento es superior, dimensionalmente considerado, al sentido del trabajo y al sentido del amor. ¿Por qué? Partamos de la afirmación de que el *Homo sapiens* puede articularse en el *Homo faber*, que llena su sentido existencial mediante sus creaciones, en el *Homo amans*, que enriquece el sentido de su vida a través de la experiencia, el encuentro y el amor, y el *Homo patiens*, el hombre que presta el "servicio", el "rendimiento" de sus padecimientos. El *Homo faber* es lo que solemos llamar una persona triunfante, un hombre que cosecha éxitos. Para él, sólo hay dos categorías y sólo en ellas piensa: triunfo o fracaso. Su

---

[17]   A. Haekens, "Eutanasia por sufrimiento médico sin salida", en T. Devos *et al., op. cit.,* pp. 95-110.

vida se mueve entre estos dos extremos, en la línea de una ética del éxito. Pero para el *Homo patiens* las cosas son diferentes: sus categorías no son éxito o fracaso, sino cumplimiento o desesperación.

En virtud de ese par de categorías, el *Homo patiens* adopta una posición vertical respecto de la línea de ética del éxito. El cumplimiento y la desesperación se insertan, efectivamente, en otra dimensión. De esta diferencia dimensional se deriva también una superioridad igualmente dimensional, porque el *Homo patiens* puede realizarse incluso en el más estrepitoso fracaso. La experiencia enseña que son perfectamente compatibles el cumplimiento y el fracaso y, por el lado opuesto, el éxito y la desesperación. Pero esto no debe entenderse únicamente desde la diferencia dimensional de los dos pares de categorías. Por supuesto, si introyectamos el triunfo del *Homo patiens*, su cumplimiento del sentido y su autorrealización en el sufrimiento, en la línea de la ética del éxito, entonces habría que reproducirlo, sobre la base de la diferencia dimensional, con trazos puntuales, es decir, parecería una nada, se impondría como un absurdo. O, dicho de otra forma: a los ojos del *Homo faber*, el triunfo del *Homo patiens* es necedad y escándalo.[18]

---

[18] V. Frankl, *Ante el vacío existencial: hacia una humanización de la psicoterapia*, Barcelona, Herder, 2011.

6. La eutanasia en el mundo

John Griffiths, Heleen Weyers y Maurice Adams publicaron en 2008 el libro *Euthanasia and Law in Europe*;[1] se trata de una edición revisada, aumentada, corregida y con algunas colaboraciones más del libro que, con el mismo título, publicaron con Amsterdam University Press en 1998.

Es interesante que los autores muestran la realidad de la legislación y la práctica de la eutanasia en Holanda y Bélgica, como pioneros, y en otros seis países europeos (Inglaterra, Francia, Italia, Suecia, Noruega, España y Suiza), con gran claridad, rigor y precisión. A lo largo de sus páginas no es difícil constatar que la despenalización o la legalización de la eutanasia es un buen ejemplo de la decadencia de la ley o, como lo denomina John Keown, una relajación de la ley[2] y no sólo un afán de la creciente judicialización de la relación agente de salud-paciente.

Se ve con claridad también que, en el caso de Holanda, la legalización de la eutanasia es paradigma de lo que se conoce como "pendiente resbaladiza":[3] se empieza despenalizando unos cuantos casos

---

[1]   J. Griffiths, H. Weyers y M. Adams, *Euthanasia and Law in Europe*, Portland, Hard Publishing, 2008.

[2]   J. Keown y E. Jackson, *Debating Euthanasia*, Portland, Bloomsbury Publishing, 2011.

[3]   E. Vermiree, "El síndrome de la pendiente resbaladiza", en T. Devos *et al., op. cit.*, pp. 33-58.

y se termina ampliando la práctica también a los más vulnerables, a quienes no la solicitan o lo hacen aduciendo razones triviales:

> En el contexto que nos ocupa, se entiende por "pendiente resbaladiza" *(slippery slope)* el hecho de que las disposiciones relativas a la eutanasia (o al suicidio asistido por un médico) han creado las condiciones para una progresiva ampliación de las indicaciones de la eutanasia, y han entrañado la aceptación de prácticas que el legislador no quería inicialmente permitir o una evolución hacia actuaciones manifiestamente ilegales.[4]

Holanda: una visión general de los desarrollos legales más recientes en relación con la ley holandesa de eutanasia. Se presta especial atención a los pacientes con demencia, los pacientes psiquiátricos y pacientes que están "cansados de la vida".[5]

En Bélgica se ha legislado sobre eutanasia por la presión de los ciudadanos: para ellos es muy importante la calidad de vida y han forzado la reglamentación de la eutanasia; sin embargo, aunque el gobierno belga piense que el problema se resolvió al despenalizar esta práctica, lo cierto es que se han prendido las alertas pues ahora los pacientes más vulnerables son objeto de la práctica: personas con demencia u otra discapacidad mental, personas con trastornos psicológicos, los recién nacidos y los niños.[6]

Una buena parte de los médicos belgas no está de acuerdo con la eutanasia; un porcentaje menor la admite para enfermos incurables,

---

[4] E. Montero, *Cita con la muerte: Diez años de eutanasia legal en Bélgica*, Madrid, Rialp, 2013.

[5] J. Legemaate e I. Bolt, "The Dutch Euthanasia Act: Recent Legal Developments", en *European Journal of Health Law*, 2013, 20(5): 451-469. DOI: 10.1163/15718093-12341298

[6] R. Cohen-Almagor, "Euthanasia Policy and Practice in Belgium: Critical Observations and Suggestions for Improvement", en *Issues in Law & Medicine*, 2009, 24(3): 187-218.

pero no les cabe en la cabeza que sea aplicada a personas que no tengan una enfermedad terminal.[7]

Es muy aleccionador el caso de un experto en el tema, el israelí Raphael Cohen Almagor, quien después de años de observar cómo se aplicaba la eutanasia en Holanda llegó a la conclusión de que no se debería legislar sobre el tema, pues la gran cantidad de abusos de los que fue testigo no han hecho más que incrementarse con el paso de los años. El doctor Cohen publicó un libro en 2004, donde expresa las contradicciones que él encontró al estudiar con detenimiento el sistema holandés de eutanasia y la literatura que hasta ese momento había disponible en lengua inglesa.[8] Hay que decir que el doctor Cohen es un fuerte crítico de la eutanasia; aunque sigue siendo partidario del suicidio asistido. Cohen sostiene que la eutanasia es parte de la cultura de la muerte que tiende a extenderse más allá de las fronteras de los Países Bajos.[9]

El holandés Theo Boer, quien inicialmente fue un gran impulsor de la eutanasia en Holanda, también cambió su postura frente a ella, al darse cuenta del acelerado incremento del número de eutanasias.[10] Y con él varios expertos más: John Keown y Arthur J. Dyck en 2002, Nigel Biggar en 2004, Neil M. Gorsuch en 2006. Y es que, desde 2008, el incremento de la eutanasia es del orden del 15% anual; como el mismo Boer dice, es una eutanasia contagiosa: de los 1 882 casos reportados en 2002, se pasó a 4 180 casos en 2012; en 2013 se llegó

---

[7] R. Avil, "The Death Treatment: When Should People With a non-Terminal Illness be Helped to die?", en *The New Yorker*, 22 de junio de 2015. Disponible en <http://www.newyorker.com/magazine/2015/06/22/the-death-treatment>. Consulta: 2 de julio de 2015.

[8] R. Cohen-Almagor, *Euthanasia in the Netherlands. The Policy and Practice of Mercy Killing*, Dordrecht, Springer Netherlands, 2004.

[9] R. Cohen-Almagor, "Culture of Death in the Netherlands: Dutch Perspectives", en *Issues in Law and Medicine*, 2001, 17(2): 167-179.

[10] T. Boer, "Recurring Themes in the Debate about Euthanasia and Assisted Suicide", en *Journal of Religious Ethics*, 2007, 35(3): 529-555.

a 4 829 casos;[11] en 2018, a 6 126 y en 2020 se llegó a las 6 939 eutanasias reportadas en Holanda.[12]

Holanda está a punto de aprobar una posibilidad que ya se da en Bélgica y que se planteó en 2010:[13] incrementar la disponibilidad de órganos sólidos con fines de trasplante, utilizando a las personas a quienes se les practica la eutanasia. Vincular eutanasia y donación de órganos parece técnicamente una buena idea; sin embargo, el asunto no es tan sencillo, no sólo porque la mayor parte de las personas que solicitan la eutanasia cuentan con organismos deteriorados, sino porque los protocolos exigirían un cambio de situación en la manera de morir (en lugar de la casa se iría a morir al hospital) y porque quienes solicitan la eutanasia (y sus familiares) detectan una especie de manipulación o de presión indebida. Pero el problema es más serio ya que la necesidad apremiante de órganos para trasplante puede llevar a que se produzcan cambios en las motivaciones de ofrecer la eutanasia: se deja de tratar a las personas como fines en sí mismas y se empieza a considerarlas como medios. Esta práctica está adquiriendo mayor aceptación social,[14] pero no ética.

Después de Holanda, Bélgica fue el segundo país en el mundo en despenalizar la eutanasia; fue seguido por Luxemburgo, en 2009, y en 2015 por Canadá; Colombia reglamentó la práctica de la eutanasia de una manera poco convencional, luego de que en 1997 fuera despenalizada por la Corte Constitucional, como se verá más adelante.

---

[11] W. Ross, "Dying Dutch: Euthanasia Spreads Across Europe", en *Newsweek*, febrero de 2015. Disponible en <http://www.newsweek.com/2015/02/20/choosing-die-netherlands-euthanasia-debate-306223.html>. Consulta: 26 de agosto de 2015.

[12] S. Boztas, "Highest ever number of euthanasia procedures in 2020". Disponible en <https://www.dutchnews.nl/news/2021/04/highest-ever-number-of-euthanasia-procedures-in-2020/>. Consulta: 30 de abril de 2021.

[13] D. Wilkinson y J. Savulescu, "Should we Allow Organ Donation Euthanasia? Alternatives for Maximizing the Number and Quality of Organs for Transplantation", en *Bioethics*, 2010, 26(1): 32-48. DOI: 10.1111/j.1467-8519.2010.01811.x

[14] J. Bollen *et al.*, "Organ Donation euthanasia (ODE): performing euthanasia through living organ donation", en *Transplantation*, 2020, 104(S3): S298. DOI: 10.1097/01.tp.0000700004.43157.0a

En los últimos años, el número de muertes por eutanasia y suicidio asistido en los Países Bajos se ha duplicado,[15] y en Bélgica se ha incrementado en más de 50%. Aunque la mayoría de los pacientes belgas padecían fases terminales de cáncer, las otras personas no tenían esa condición: fueron sometidas a los procedimientos de eutanasia, con o sin su consentimiento, por diversas patologías o estados como anorexia, autismo, trastorno límite de la personalidad, síndrome de fatiga crónica, parálisis parcial, ceguera junto con sordera o enfermedad bipolar, etc. Bélgica fue el primer país en despenalizar la eutanasia para los niños en 2014.[16] Allí se produce una ampliación del uso de la eutanasia, en parte relacionada con el hecho de que varios requisitos legales destinados a ser garantías procesales en realidad no funcionan a menudo como tales.[17] En este país la legislación proeutanasia, con su dimensión pedagógica, está enseñando que ya no hace falta estar enfermo para solicitar el procedimiento.[18]

Suiza permite el suicidio asistido desde 1942. El Tribunal Supremo de Estados Unidos reconoció las legítimas preocupaciones sobre muertes prolongadas en ambientes institucionales, pero en 1997 decidió que la muerte no es un derecho protegido por la Constitución, dejando abiertas muchas preguntas sobre el suicidio asistido para que cada estado lo resuelva. Pocos meses después de la sentencia, Oregón aprobó una ley que permite a los médicos prescribir

---

[15] Regionale toetsingscommissies euthanasie. Verantwoording werkzaamheden toetsingscommissies. Disponible en <https://www.euthanasiecommissie.nl/overdetoetsingscommissies/jaarverslag/>. Consulta: 10 de octubre de 2015.

[16] Bélgica autoriza eutanasia para menores de edad, en *BBC News*. Disponible en <http://www.bbc.com/mundo/ultimas_noticias/2014/02/140213_ultnot_belgica_eutanasia_ninos_jp>. Consulta: 2 de abril de 2015.

[17] K. Raus, B. Vanderhaegen y S. Sterckx, "Euthanasia in Belgium: Shortcomings of the Law and Its Application and of the Monitoring of Practice", en *The Journal of Medicine and Philosophy*, 2021, 46: 80-107. DOI:10.1093/jmp/jhaa031

[18] M. Cook, "Life? I'm not Really that Into it any More", en *Mercatornet*. Disponible en <http://www.mercatornet.com/careful/view/life-im-not-really-that-into-it-any-more/16392#sthash.CEApqScz.dpuf>. Consulta: 30 de julio de 2022. S. Mass, Laura is 24 jaar en fysiek gezond. Ze krijgt deze zomer euthanasie "Het monster in mij wordt alleen maar groter". Disponible en <https://www.demorgen.be/nieuws/laura-is-24-jaar-en-fysiek-gezond-ze-krijgt-deze-zomer-euthanasie~b3d9c64f/>. Consulta: 30 de julio de 2022.

drogas letales para los pacientes que están en fase terminal. En 2008, Washington aprobó una ley similar; Montana despenalizó el suicidio asistido en 2009; Vermont, en 2013; California, en 2015; Hawái, en 2018; New Jersey, en 2019. Además, en Colorado y el distrito de Columbia también la eutanasia es posible.[19]

Tanto en Oregón como en Suiza se ha constatado que el deseo de seguir siendo autónomos mueve a las personas a solicitar la eutanasia, antes que el mismo dolor físico. Por eso Brittany Maynard, como quedó dicho, se mudó a Oregón en 2014 para que allí no tuviera problemas en que se le practicara la eutanasia. El relato de su historia y decisión apareció en múltiples medios de comunicación, convirtiéndose en poco tiempo en la adalid de la promoción de la eutanasia y de la muerte asistida, mucho más que el lamentable caso de Jack Kevorkian. Es muy llamativo que después de su muerte los órganos legislativos de 23 estados de Estados Unidos hayan presentado proyectos de ley para cambiar en todo o en parte la prohibición de la eutanasia o de la muerte asistida.

En Inglaterra no sucedió así: a pesar de la fuerte presión de los medios de comunicación[20] y de algunas revistas científicas de primera línea,[21] el parlamento inglés decidió por una mayoría notable no aprobar la eutanasia ni la ayuda al suicidio en 2015.[22]

De la misma manera actuó Francia: aunque los diputados franceses aprobaron una legislación que permite la sedación profunda

---

19 D. E. Meier, "The Treatment of Patients with Unbearable Suffering-The Slippery Slope is Real", en *JAMA Intern Med.*, 2021, 181(2): 160-161. DOI:10.1001/jamainternmed.2020.6884

20 C. Hope y K. McCann, "Three ministers to defy David Cameron and vote to legalise assisted suicide", en *The Telegraph*. Disponible en <http://www.telegraph.co.uk/news/uknews/assisted-dying/11856881/Three-ministers-to-defy-David-Cameron-and-vote-to-legalise-assisted-suicide.html>. Consulta: 11 de septiembre de 2015.

21 D. Jones, "Assisted Dying: Law and Practice Around the World", en *BMJ*, 2015, 351: h4481. DOI: http://dx.doi.org/10.1136/bmj.h4481

22 J. Bingham, "Right to die: MPs Reject Assisted Dying law", en *The Telegraph*. Disponible en <http://www.telegraph.co.uk/news/uknews/assisted-dying/11857940/Assisted-dying-vote-in-House-of-Commons.html>. Consulta: 11 de septiembre de 2015.

para pacientes en fase terminal,[23] por 436 votos a favor, 34 en contra y 83 abstenciones; fueron rechazados tanto la eutanasia como el suicidio asistido.[24] Para la ministra de Sanidad el hecho es significativo: "hay una línea amarilla que no se ha cruzado: que es la de dar muerte".[25] Sin embargo, no es una ley que la ética pueda avalar en su totalidad: si bien es cierto que el legislador prefirió "dormir a matar", lo hace aceptando una forma atenuada de eutanasia, pues aunque no se ocasione la muerte a los pacientes sí se autoriza que les sean retirados todos los medicamentos, la alimentación y la hidratación, hasta que sobrevenga la muerte.[26] Esta situación puede cambiar en corto plazo: el presidente Macron está auspiciando un nuevo debate por medio de un "congreso ciudadano" para volver a debatir el asunto.[27]

El caso de Holanda fue bien estudiado por el psiquiatra norteamericano Herbert Hendin y se refleja en su libro *Seducidos por la muerte*.[28] Convencido como estaba de la eutanasia, fue en misión gubernamental a ese país para presentar un informe al Congreso de los EUA que, a instancias del presidente Clinton, quería dar vía libre a la eutanasia y al suicidio asistido.

Las entrevistas que realizó, los documentos que revisó y las experiencias que escuchó lo convencieron del despropósito que se quería llevar a efecto y presentó un informe que inclinó a ese gobierno

---

[23] J. Blanchard, "Resistir", en T. Devos *et al., op. cit.,* 2020, pp. 173-186.

[24] "Francia adopta la sedación terminal, pero rechaza la eutanasia y el suicidio asistido", en *20 minutos,* 17 de marzo de 2015. Disponible en <http://www.20minutos.es/noticia/2407760/0/diputados-franceses/amplia-mayoria/sedacion-terminal/#xtor=AD-15&xts=467263>. Consulta: 31 de marzo de 2015.

[25] "Pas d'euthanasie mais une 'sédation': l'adoption de la loi fin de vie divise", en *Le Figaro,* 12 de marzo de 2015. Disponible en <http://www.lefigaro.fr/actualite-france/2015/03/12/01016-20150312ART-FIG00169-pas-d-euthanasie-mais-une-sedation-l-adoption-de-la-loi-fin-de-vie-divise.php>. Consulta: 31 de marzo de 2015.

[26] M. Frings, "¿Consentir la muerte o provocarla? El paradigma de la alimentación artificial", en T. Devos *et al., op. cit.,* pp. 129-152.

[27] "Francia pone en marcha congreso ciudadano para debatir la eutanasia", en DW, 9 de diciembre de 2022. Disponible en <https://www.dw.com/es/francia-pone-en-marcha-congreso-ciudadano-para-debatir-la-eutanasia/a-64049716> Consulta: 19 de enero de 2023.

[28] H. Hendin, *Seducidos por la muerte,* Barcelona, Planeta, 2009.

a no aprobar la eutanasia ni el suicidio asistido. Sólo algunos estados, 11 para ser exactos (California, Colorado, Distrito de Columbia, Hawái, Mayne, Montana, New Jersey, New México, Oregón, Vermont y Washington)[29] se apartan de la negativa federal y ahora allí se realizan esas prácticas.

El caso de Bélgica también es aleccionador. Un libro de la Cambridge University Press, de 2017, que tiene por título *Lecciones de eutanasia y suicidio asistido en Bélgica*,[30] recoge ensayos interdisciplinarios de autores internacionales (médicos, abogados, filósofos, etc.) que se centran en la ley de eutanasia de ese país y analizan en profundidad sus aspectos éticos desde perspectivas propias de sus profesiones.

Estos dos libros deberían ser material de consulta imprescindible para quienes tienen que tomar decisiones en estas materias. Los argumentos contenidos en ellos no son religiosos, porque el problema no es religioso, es sencillamente humano, ético. Buena parte de la desinformación organizada es hacer creer que la oposición a la eutanasia es cosa de la Iglesia católica o de la derecha religiosa. Se ignora que la Asociación Médica Mundial y la Asociación Médica Estadounidense son organizaciones que se oponen a la práctica de la eutanasia, porque saben que no es un procedimiento médico, porque saben que la función del médico no es quitar la vida.

La Asociación Médica Mundial, en su 70 Asamblea General, celebrada en Tiflis, Georgia, en octubre de 2019, unificó en una única Declaración sobre la eutanasia y suicidio con ayuda médica las anteriores declaraciones existentes sobre ambos temas (Madrid, 1987, y Marbella, 1992, respectivamente). Allí queda claro lo siguiente:

---

[29] "El estado de Maine en los Estados Unidos de América aprueba el suicidio asistido y la eutanasia", en Observatorio de Bioética UCV, 12 de enero de 2022. Disponible en <https://www.observatoriobioetica.org/2022/01/el-estado-de-maine-en-los-estados-unidos-de-america-aprueba-el-suicidio-asistido-y-la-eutanasia/37730>. Consulta: 12 de enero de 2022.

[30] D. A. Jones, C. Gastmans y C. McKellar (eds.), *Euthanasia and Assisted Suicide. Lessons from Belgium*, Cambridge, Cambridge University Press, 2017.

La AMM reitera su fuerte compromiso con los principios de la ética médica y con que se debe mantener el máximo respeto por la vida humana. Por lo tanto, la AMM se opone firmemente a la eutanasia y al suicidio con ayuda médica. [...] Ningún médico debe ser obligado a participar en eutanasia o suicidio con ayuda médica, ni tampoco debe ser obligado a derivar un paciente con este objetivo.[31]

---

[31] "Declaración sobre eutanasia y suicidio con ayuda médica", en *WMA*. Disponible en <https://www.wma.net/es/policies-post/declaracion-sobre-la-eutanasia-y-suicidio-con-ayuda-medica/>. Consulta: 30 de diciembre de 2022.

7. La eutanasia en Colombia

Desde 1997, Colombia cuenta con una sentencia de la Corte Constitucional en la que se despenalizó el "homicidio por piedad". Es interesante la historia de ese hecho jurídico pues lo que la Corte recibió para estudio fue una demanda de inconstitucionalidad contra el artículo 326 del decreto 100 de 1980 del Código Penal; y la Corte, al estudiar la situación, pensó que lo más oportuno y progresista era despenalizar la práctica de la eutanasia e instar al Congreso de la República para que, en el menor tiempo posible, reglamentara la situación.

El ponente de la iniciativa fue Carlos Gaviria Díaz, pero lo más importante para mencionar en este apartado son algunos de los contenidos de los salvamentos de voto de los magistrados José Gregorio Hernández, Hernando Herrera Vergara y Vladimiro Naranjo Mesa,[1] pues en ellos se ve un verdadero compendio de ciencia jurídica y no una colección de sofismas, para intentar justificar lo injustificable.

En esos salvamentos de voto se encuentran argumentos interesantes:

La Corte Constitucional debe advertir si una norma se ajusta o no a la Constitución, pero no puede crear una nueva norma jurídica que se agregue de manera obligatoria a la norma declarada exequible,

---

[1]   Corte Constitucional de Colombia. Sentencia C-239 de 1997. Disponible en <http://www.corte-constitucional.gov.co/relatoria/1997/C-239-97.htm>. Consulta: 15 de agosto de 2022.

ya que esta tarea corresponde exclusivamente al Congreso de la República. La Corte debió sólo declarar exequible la norma impugnada, sin más.

Se estableció una excepción al artículo 11 de la Constitución Política de Colombia según el cual "el derecho a la vida es inviolable"; es decir, se modificó la Constitución sin que se surtieran los trámites previstos en la misma Constitución (artículos 374 y 377).

Pero no sólo hubo vicios de forma en la sentencia de la Corte, también esos salvamentos de voto mostraron varios vacíos de fondo. Algunos de ellos son los siguientes:

1. Con la sentencia citada la Corte modificó su propia jurisprudencia sobre el derecho a la vida, contenida en las sentencias C-133 de 1994 y C-013 de 1997 entre otras.

2. Es muy cuestionable la validez del consentimiento que supuestamente avala la conducta de quien da muerte a un enfermo terminal pues un consentimiento expresado en las circunstancias de "intensos sufrimientos provenientes de lesión corporal o enfermedad grave o incurable" en la fase terminal de la vida, difícilmente puede ser libre y espontáneo.

3. La sentencia hace de la vida un bien jurídico disponible cuando la Constitución deja clara su indisponibilidad y la misma Corte –en su jurisprudencia anterior– reconocía a la vida el carácter de derecho irrenunciable. Además, si la vida es un bien jurídico disponible se pone en grave peligro el orden jurídico de la sociedad en su conjunto.

4. Tampoco se puede disponer simultáneamente del derecho a la vida y del supuesto derecho a la muerte, por tratarse de una proposición absurda y contradictoria ya que cuando termina la vida se deja de ser sujeto de derechos. Es una falacia considerar la muerte dentro del derecho a la vida:

como la muerte es el opúsculo de la vida y hay un derecho a la vida también debe haber un derecho a la muerte.

5. La sentencia argumenta que uno de los fundamentos de poder disponer de la vida propia es el derecho al libre desarrollo de la personalidad. Sin embargo, la sana lógica muestra que no es racional una personalidad desarrollada o en proceso de desarrollo que tienda a su propia eliminación, yendo en contra de una de las tendencias más fuertes de la naturaleza humana: la tendencia a la autoconservación.

6. Es patente que la libertad humana no es absoluta, que el ser humano cuenta con unas determinaciones propias de su naturaleza, pero que esa libertad se manifiesta en la ordenación del ser personal a las finalidades propias de su naturaleza y una de las cuales no es su propia destrucción.

7. La disponibilidad a voluntad de la vida que implica la sentencia lleva incluido un grave peligro, ya que, si ese primer derecho es enajenable o renunciable, puede llegar a ser también desconocido por quien detente el poder político en un momento determinado.

8. Según la sentencia, parecería que los intereses jurídicamente protegidos con las normas fueran ajenos a la honestidad y a la ética, ya que en este terreno cada persona tiene derecho a conducirse según su leal saber y entender, que hacen parte del libre desarrollo de la personalidad. Pero con el argumento de la "tolerancia" y la imparcialidad lo que se logra es un deterioro del bien común y de la ética social, que las normas deberían propiciar.

9. En la sentencia no se hace mención a la importancia y prioridad de los cuidados paliativos para el manejo de los pacientes que cursan en estado terminal de enfermedad, pues ellos se benefician más de recibir esos cuidados y

adecuadas terapias antiálgicas, que de ser sometidos a procedimientos que les suprimen la vida.

10. Finalmente, es muy interesante la extrañeza manifestada por uno de los magistrados cuando constata que el texto final de la parte resolutiva de la sentencia no corresponde en su totalidad a lo que fue aprobado en la reunión de la sala plena de la Corte.

En este sentido es muy pertinente citar una parte de la Aclaración especial de voto que hizo el magistrado ponente y que habla por sí misma:

La sentencia que ha debido probar que en verdad de la Constitución puede obtenerse directamente la regla que gobierna el caso –siendo éste el de la existencia o no de dispensa constitucional para el médico que accede al pedido del enfermo terminal y procede a matarlo–, está atravesada desde el principio hasta el fin por una falacia conocida en el lenguaje retórico con el nombre de *ignoratio elenchi*: "La falacia de la *ignoratio elenchi* (conclusión inatinente) se comete cuando un razonamiento que se supone dirigido a establecer una conclusión particular es usado para probar una conclusión diferente" (Irving M. Copi, *Introducción a la lógica*). Creo que lo mismo ocurre con la presente sentencia que, de manera recurrente y obsesiva, avanza argumentos para sostener la validez constitucional de la opción de anticipar la muerte por parte del individuo que considera indignas las circunstancias de su existencia, en cuyo caso el Estado debería respetar su decisión, toda vez que entonces la autonomía tendría prioridad sobre la protección de la vida como categoría abstracta. Sostengo que los argumentos y las conclusiones son inatinentes, puesto que las consideraciones sobre el hecho del suicidio y los elementos que en él intervienen, no son automáticamente trasladables al caso específico objeto de debate.

La sentencia, por simple asociación de ideas, produce el salto entre una conclusión y la otra, sin caer en la cuenta de la particularidad y singularidad del tema específico a resolver.[2]

A pesar de todo lo anterior, con la sentencia C-239 de 1997, la Corte Constitucional determinó que en Colombia no se puede penalizar una conducta concertada entre el médico y su paciente que, de manera consciente y autónoma, desee poner fin a un estado de sufrimiento o de dolores incontrolables causados por una enfermedad incurable, mediante una intervención que ponga fin a la existencia.[3]

Luego de la sentencia mencionada, el Congreso de la República ha recibido a lo largo de los años varios proyectos de ley para intentar reglamentar la práctica de la eutanasia y todos han fracasado en el intento.[4] Antes del proyecto de ley de 2015, se presentó una maniobra sin precedentes donde los protagonistas fueron la misma Corte Constitucional y el Ministerio de Salud y de Protección Social.

El Ministerio de Salud, para acatar la Sentencia T 970 de 2014 de la Corte Constitucional, profirió unas líneas de actuación contenidas en la Resolución 1216 de 2015.

Se observa con extrañeza que sea un ministerio de la rama ejecutiva quien reglamente esta materia en Colombia: en varias legislaturas anteriores –como se afirmó antes– se ha intentado regular la práctica de la eutanasia por parte de la Cámara de Representantes y del Senado de la República (cauce ordinario para hacerlo, como lo solicitó la Corte Constitucional en la sentencia de 1997), sin que se lograra el cometido de reglamentar la eutanasia en Colombia.

---

[2] C. Gaviria- Díaz, "Aclaración especial de voto". Sentencia C-239 de 1997. Disponible en <http://www.corteconstitucional.gov.co/relatoria/1997/C-239-97.htm>. Consulta: 15 de agosto de 2022.

[3] G. Gómez-Tamayo, "Reflexiones sobre la Sentencia C-239/1997". Disponible en <http://works.bepress.com/cgi/viewcontent.cgi?article=1058&context=gomeztamayo>. Consulta: 15 de agosto de 2015.

[4] Congreso visible. Universidad de Los Andes. Proyectos de Ley. Disponible en <https://congresovisible.uniandes.edu.co/proyectos-de-ley/eutanasia>.

Y es que considerar la eutanasia como un derecho de la persona es erróneo y grave, tanto para ella misma como para su entorno, para la sociedad y la cultura. Se trata de una ficción jurídica que, al no encontrar camino expedito por las vías legislativas ordinarias, se abrió uno fraudulento que obligó al ministerio público a crear los "Comités científico-interdisciplinario para el Derecho a Morir con Dignidad",[5] que sin eufemismos bien podrían llamarse los Comités de la muerte.

Tampoco la eutanasia puede ser un "derecho fundamental", como se afirma en la Sentencia T970/2014 forzando la actual jurisprudencia: cuando la sentencia C-239 de 1997 afirma que "El derecho fundamental a vivir en forma digna implica entonces el derecho a morir dignamente" elevó a derecho (lo que llamamos "ficción jurídica") el morir con dignidad; pero de ninguna manera estableció que tal nuevo derecho fuera fundamental. Por tanto, cuando se afirma que la Resolución en cuestión garantiza el "derecho fundamental a morir con dignidad" en realidad no se está garantizando nada, puesto que morir con dignidad no existe como derecho fundamental.

El Ministerio de Salud, al reglamentar la eutanasia en Colombia, pretende servirse de los médicos para aplicarla y de paso negarles la legítima objeción de conciencia, a la que todos tienen derecho (art. 18 de la Constitución Política de Colombia).[6] "La eutanasia no es un acto médico"[7] y la ley no puede pretender que lo sea.

Los médicos y el personal de salud no pueden renunciar a expresar su objeción de conciencia. Si el Ministerio se empeña en seguir adelante con la nefanda reglamentación de una sentencia inicua, tendrá que buscar personas que, con conocimientos médicos o sin ellos,

---

[5] Ministerio de Salud y Protección Social. Resolución núm. 1216 de 2015. Disponible en <https://www.minsalud.gov.co/Normatividad_Nuevo/Resoluci%C3%B3n%201216%20de%202015.pdf>. Consulta: 7 de agosto de 2022.

[6] Constitución Política de Colombia. Disponible en <http://www.secretariasenado.gov.co/constitucion-politica>. Consulta: 5 de julio de 2022.

[7] J. Merchán-Price, "La eutanasia no es un acto médico", en *Persona y Bioética*, 2008, 12(1): 42-52.

estén dispuestas a matar a sus semejantes, así ellos mismos lo pidan o a hacer parte de los nuevos "Comités de muerte".

El hecho de obligar a los hospitales, clínicas, instituciones prestadoras de servicios de salud (IPS) y entidades promotoras de salud (EPS) a actuar en el sentido que espera la Resolución se puede calificar, al menos, como una medida de autoritarismo. A pesar de que no se les reconozca jurídicamente la llamada "objeción de conciencia institucional", tales entidades pueden apelar a la autonomía institucional para hacer valer los principios de sus idearios, estatutos o reglamentaciones, e incentivar al personal médico, paramédico y administrativo a presentar objeción de conciencia individual, pues el actuar en contra de la conciencia queda por fuera del bloque de constitucionalidad derivado de los tratados sobre derechos humanos.[8]

Es interesante advertir que en los primeros cinco meses desde la promulgación de la citada resolución (20 de abril de 2015) sólo se produjo en Colombia un caso de eutanasia, y además con la ayuda de los medios de comunicación, que tomaron partido por un colega suyo caricaturista, paradójicamente alias "Matador", quien buscaba la eutanasia para su padre y finalmente consiguió que una institución en Pereira hiciera efectivo el supuesto derecho.[9] Según el Ministerio de Salud, en Colombia se practicaron entre 2015 y marzo de 2020, 92 eutanasias reportadas por enfermedades oncológicas y no oncológicas, en mayores de edad.[10]

---

[8] A. Zárate-Cuello, "Implicaciones bioéticas y biojurídicas de la objeción de conciencia institucional con relación al aborto en el ordenamiento jurídico colombiano", en *Prologómenos*, 2011, XIV(27): 43-56.

[9] "Colombia realizó la primera eutanasia", en *El Colombiano*. Disponible en <http://www.el colombiano.com/colombia-realizo-la-primera-eutanasia-BD2243322>. Consulta: 5 de julio de 2015.

[10] "Nuevo impulso al proyecto que reglamenta la eutanasia", en *El Tiempo*. Disponible en <https://www.eltiempo.com/politica/congreso/proyecto-que-reglamenta-la-eutanasia-en-que-va-en-el-congreso-540568> Consulta: 5 de julio de 2022.

Los antecedentes legales son los anotados,[11] pero en Colombia la idea de la eutanasia está siendo promovida desde décadas atrás por personas que están convencidas de la bondad de sus intenciones y que de manera altruista y filantrópica están "ayudando a cambiar la mentalidad frente a la muerte digna".

Es el caso de la Asociación Pro Derecho a Morir Dignamente (DMD) que desde 1979, con el nombre de Fundación Solidaridad Humana, empezó a promover la eutanasia en Colombia, enfatizando la autonomía de las personas para que hagan valer sus derechos (el derecho a morir con dignidad) en la última fase de su vida. La DMD forma parte de la Federación Mundial de Asociaciones del Derecho a Morir, constituida por 50 organizaciones de 23 países.[12]

También es conocido que la eutanasia sí se ha aplicado en Colombia incluso antes de la sentencia C-239 de 1997, por parte de personas que, motivadas por sentimientos de solidaridad y compasión,[13] han "ayudado" a morir a decenas de pacientes, incluidos menores de edad[14] y hasta bebés.[15]

Desde 1998 hasta 2022 se han presentado 18 proyectos de ley en el Congreso de la República que han intentado reglamentar la sentencia de la Corte Constitucional de 1997, y cada uno de ellos ha sido derrotado.

---

[11] G. Gamboa-Bernal, "Itinerario de la eutanasia en Colombia. Veinte años después", en *Persona y Bioética*, 2017, 21(2): 197-203. DOI: 10.5294/pebi.2017.21.2.1

[12] The World Federation of Right to Die Societies. Disponible en <https://wfrtds.org/member-organizations/>. Consulta: 5 de julio de 2022.

[13] J. Ricot, "Prefacio I", en T. Devos *et al., op. cit.*, pp. 17-24.

[14] G. Gamboa-Bernal, "A propósito de la eutanasia en menores de edad". Disponible en <http://fucebcolombia.org/2018/03/11/a-proposito-de-la-eutanasia-en-menores-de-edad-el-dr-gilberto-a-gamboa-expresa/>. Consulta: 12 de marzo de 2022.

[15] C. González-Navarro, "Hacer una eutanasia es un acto de amor: 'Doctor muerte'", en *El Espectador*. Disponible en <http://www.elespectador.com/noticias/nacional/hacer-una-eutanasia-un-acto-de-amor-doctor-muerte-articulo-556764>. Consulta: 15 de septiembre de 2015.

Iniciativas legislativas en Colombia sobre la eutanasia

Radicado	Nombre	Ponente
PL 93/98	Se establece el Derecho a Morir Dignamente	Germán Vargas Lleras
PL 115/04	Desarrolla el artículo 11 de la CPC y se dictan otras disposiciones relacionadas con la dignidad humana de los enfermos terminales	Carlos Gaviria Díaz
PL 48/04	Reglamentar el derecho de los enfermos terminales a desistir de medios terapéuticos y se prohíbe el enseñamiento (sic) terapéutico	Álvaro Ashton Giraldo
PL 100/06	Registro Médico Eutanásico y la Comisión Nacional de Evaluación y Control posterior de Procedimientos Eutanásicos y Suicidio Asistido	Armando Benedetti
PL 05/07	Reglamentar integral y rigurosamente la forma en que se atenderán las solicitudes sobre la terminación de la vida en condiciones dignas y humanas; los procedimientos necesarios y la práctica de la eutanasia y la asistencia al suicidio, por los respectivos médicos tratantes	Gina Parody, Armando Benedetti y José Name
PL 44/08	Reglamentar las prácticas de la eutanasia y la asistencia al suicidio en Colombia, así como también el servicio de cuidados paliativos	Armando Benedetti
PL 70/12	Reglamentar la eutanasia y la asistencia al suicidio en Colombia mediante la "petición por instrucción previa"	Armando Benedetti
PL 117/14	La única persona que puede practicar el procedimiento eutanásico o asistir al suicidio a un paciente es un profesional de la medicina: el médico tratante	Armando Benedetti

Radicado	Nombre	Ponente
PL 30/15	Aprueba la eutanasia y el suicidio asistido; y se crea un mecanismo de sustitución o reconstrucción de la voluntad del paciente	Armando Benedetti y Roy Barreras
PL 23/18	Reglamentar las prácticas de la eutanasia y la asistencia al suicidio en Colombia	Armando Benedetti
PL 163/19	Reglamentar las prácticas de la eutanasia y la asistencia al suicidio en Colombia	Armando Benedetti
PL 204/19	Establecer disposiciones generales para el acceso al derecho fundamental a morir dignamente bajo la modalidad de eutanasia	Juan F. Reyes Kuri
PL 007/20	Establecer disposiciones para reglamentar el derecho fundamental a morir dignamente, bajo la modalidad de eutanasia	Juan F. Reyes Kuri
PL 63/20	Establecen disposiciones para reglamentar el derecho fundamental a morir dignamente, bajo la modalidad de eutanasia	Juan F. Reyes Kuri
PL 70/20	Reglamentar las prácticas de la eutanasia y la asistencia al suicidio en Colombia	Juan F. Reyes Kuri
PLE 375/20	Regular el derecho fundamental a morir con dignidad, a través de la eutanasia	Fernando Ruiz, Minsalud
PLE 07/21	Establecer disposiciones para reglamentar el derecho fundamental a morir dignamente, bajo la modalidad de muerte médicamente asistida por parte de mayores de edad	Juan F. Reyes Kuri
PLE 06/22	Por medio de la cual se regula el acceso al derecho fundamental a la muerte digna bajo la modalidad de muerte médicamente asistida y se dictan otras disposiciones	Juan Carlos Losada Vargas y Alejandro Carlos Chacón Camargo

Fuente: elaboración propia a partir de <https://congresovisible.uniandes.edu.co/busqueda/?q=eutanasia&submit=submit>.

8. La religión y la eutanasia

El lector habrá notado que durante toda la exposición de los capítulos precedentes se ha omitido, a propópsito, toda referencia a argumentos religiosos. Entre otras cosas porque la eutanasia no es un problema religioso, sino simplemente humano.

Pero como la dimensión religiosa está presente en todo ser humano, como forma parte de su esencia, es importante también conocer esta perspectiva sobre el tema general del trabajo: la eutanasia.

La religión es en la vida del ser humano aquella posibilidad de descubrimiento, conocimiento y trato con el Ser supremo, con el absoluto, con lo divino que no depende de etnias ni culturas, de desarrollos o progresos, de tiempos ni de movimientos. La religión es sencillamente la relación de la criatura con su Creador.

Una definición técnica de religión es la siguiente: "Conjunto de creencias, celebraciones y normas ético-morales por medio de las cuales el ser intelectual reconoce, en clave simbólica, su vinculación con lo divino en la doble vertiente, a saber, la subjetiva y la objetivada o exteriorizada mediante diversas formas sociales e individuales".[1]

En la vida de todas las personas y de los pueblos hay unas constantes con las cuales se puede reconocer esa dimensión de trascendencia: la universalidad del sentido religioso; la creciente interdependencia

---

[1]   M. Guerra-Gómez, *Historia de las religiones*, Madrid, Rialp, 2010.

personal y grupal; la búsqueda humana del sentido de la vida, de la muerte, del sufrimiento; la comunicabilidad de la propia interioridad; el anhelo de felicidad, que no se agota con las cosas materiales; la ritualidad y la piedad popular, etcétera.

La finitud del ser humano, la infinitud de Dios y la capacidad limitada del entendimiento humano para conocer en profundidad lo divino (salvo por analogía) hacen que en la historia de la humanidad hayan existido muchas religiones; cada una ofrece un camino, un modo de lograr ese encuentro; cada una propone unos medios para mantenerlo y cada una ofrece un estado final de perfección, que varía según sea el tipo de divinidad.

Cada religión contiene algo de verdadero, de bello, que no se puede desestimar; cada religión tiene un sistema de creencias y de prácticas; cada religión propone una cosmovisión y se soporta por una antropología, que será más o menos elaborada dependiendo del grado de especulación filosófica y teológica que cada una pueda alcanzar.

En la historia de las religiones se encuentran unas que aceptan varios dioses (politeístas), otras que consideran que todo es dios (panteístas) y sólo tres que reconocen un Dios personal (monoteístas): el judaísmo, el cristianismo y el islamismo.

Estas tres últimas tienen unas características particulares que las han hecho mayoritarias en el contexto mundial: las verdades que proponen son más universales; hay más coherencia en sus postulados; tienen unas fuentes escritas antiguas que contienen enseñanzas que llevan al obrar bien; están exentas de fenómenos como el animismo, el chamanismo, la magia, el fetichismo, el totemismo; la repercusión de la práctica religiosa tiene en general una buena influencia en el ámbito sociocultural, etc. Todo esto produce una credibilidad y una irradiación que se manifiesta en el número de personas que siguen tales creencias.

Se puede afirmar que en casi todas las religiones politeístas y panteístas las posturas frente a la eutanasia son diversas y variadas, caben distintas posiciones. En cambio, en las religiones monoteístas uno de los temas en los que hay acuerdo es precisamente en la postura frente a la eutanasia: cristianos, judíos e islámicos están en contra de esta práctica[2] y lo expresan con claridad:

> Nos oponemos a cualquier forma de eutanasia –que es el acto directo, deliberado e intencional de quitar la vida– así como al suicidio médicamente asistido –que es el apoyo directo, deliberado e intencional para suicidarse– porque contradicen fundamentalmente el valor inalienable de la vida humana y, por lo tanto, son inherente y consecuentemente erróneos desde el punto de vista moral y religioso, y deben ser prohibidos sin excepciones.[3]

Aunque no sea el tema central de este capítulo, es importante preguntarse por la verdadera religión para así poder tomar los conceptos que ella tenga sobre la eutanasia. Las tres religiones se consideran "verdaderas", pero hay unos criterios de discernimiento que permiten dar luz sobre este punto. Esos criterios son pragmatismo existencial (que genere paz interior); razón humana (núcleo esencial válido para todos y razonable); revelación divina (no es una creación humana, sino una iniciativa de Dios); criterio interno (lo específico de la religión no es el sujeto o su experiencia sino el "objeto" al que se tiende: Dios); criterio de universalidad (capacidad para iluminar toda la realidad); criterio lógico (inexistencia de contradicciones reales).

Según lo anterior, se puede afirmar que la existencia de una "religión verdadera" no implica necesariamente que las demás sean falsas, sino que participan en grados distintos de la Verdad, tienen destellos diversos de ella y serán más o menos verdaderas en relación con

---

[2]   J. Gafo (ed.), *Bioética y religiones: el final de la vida*, Madrid, Universidad de Comillas, 2000.

[3]   Academia Pontificia por la vida. Declaración conjunta de las Religiones Monoteístas Abrahámicas sobre las cuestiones del final de la vida. El Vaticano, 28 de octubre de 2019. Disponible en <https://www.academyforlife.va/content/dam/pav/documenti%20pdf/2019/Religioni_Cure%20Palliative_28%20ottobre/Testi%20Dichiarazione/03_Position%20Paper_SPA_OK_.pdf>. Consulta: 21 de julio de 2022.

esa participación y su capacidad de conducir directamente a Dios mediante una relación adecuada, consistente y coherente con la realidad trascendente, divina.[4]

Tampoco se puede perder de vista que la adscripción a la "religión verdadera" no es garantía de que se sigan sus postulados: el ser humano es libre y con sus acciones puede refractar la doctrina en la que dice creer o contradecirla en su actuar cotidiano.

En este capítulo se mencionan algunos documentos que ejemplifican la postura de la Iglesia católica sobre el particular y que forman parte del Magisterio eclesiástico. De entrada, se debe tener en cuenta que la eutanasia no es una mala idea porque lo diga la Iglesia católica, sino que el catolicismo así lo afirma porque la eutanasia de suyo lo es.

Se toma como modelo la postura de la Iglesia católica puesto que es la única con un magisterio orgánico y organizado, unánime y soportado no sólo por el dato revelado y por la Tradición, sino por una reflexión de base filosófica y antropológica seria. Además, no sólo no contiene fundamentalismos ni ideologías, sino que ha desenmascarado a las que ha habido en la historia del mundo y las que en la actualidad propenden por instalarse en la cultura.[5]

Concilio Vaticano II

Cuando la Constitución pastoral *Gaudium et Spes* habla del respeto a la persona humana, en el núm. 27, afirma que

> cuanto atenta contra la vida –homicidios de cualquier clase, genocidios, aborto, eutanasia y el mismo suicidio deliberado–; cuanto viola la integridad de la persona humana, como, por

---

[4] X. Xubiri, *El problema filosófico de la historia de las religiones*, Madrid, Alianza, 1993.

[5] Francisco. Discurso ante el Congreso de los Estados Unidos de América el 24 de septiembre de 2015. Disponible en <http://w2.vatican.va/content/francesco/es/speeches/2015/september/documents/papa-francesco_20150924_usa-us-congress.html>. Consulta: 26 de octubre de 2022.

ejemplo, las mutilaciones, las torturas morales o físicas, los conatos sistemáticos para dominar la mente ajena; cuanto ofende a la dignidad humana, como son las condiciones infrahumanas de vida, las detenciones arbitrarias, las deportaciones, la esclavitud, la prostitución, la trata de blancas y de jóvenes; o las condiciones laborales degradantes, que reducen al operario al rango de mero instrumento de lucro, sin respeto a la libertad y a la responsabilidad de la persona humana: todas estas prácticas y otras parecidas son en sí mismas infamantes, degradan la civilización humana, deshonran más a sus autores que a sus víctimas y son totalmente contrarias al honor debido al Creador.[6]

Este pasaje de la *Gaudium et Spes* ha sido citado en diferentes documentos magisteriales de san Juan Pablo II, por ejemplo en las encíclicas *Dominum et vivificantem*, *Evangelium vitae*, *Veritatis Splendor* y en diversas exhortaciones apostólicas como *Christi fideles laici*.

Catecismo de la Iglesia católica

El Catecismo de la Doctrina de la Iglesia Católica[7] habla de la eutanasia en los números 2276 a 2279, y en el 2324, en los siguientes términos:

CEC núm. 2276. Aquellos cuya vida se encuentra disminuida o debilitada tienen derecho a un respeto especial. Las personas enfermas o disminuidas deben ser atendidas para que lleven una vida tan normal como sea posible.

---

[6] Constitución pastoral *Gaudium et Spes* sobre la Iglesia en el mundo actual. Disponible en <http://www.vatican.va/archive/hist_councils/ii_vatican_council/documents/vat-ii_const_19651207_gaudium-et-spes_sp.html>. Consulta: 26 de octubre de 2022.

[7] *Catecismo de la Iglesia católica*. Disponible en: <http://www.vatican.va/archive/catechism_sp/index_sp.html>. Consulta: 26 de octubre de 2022.

CEC núm. 2277. Cualesquiera que sean los motivos y los medios, la eutanasia directa consiste en poner fin a la vida de personas disminuidas, enfermas o moribundas. Es moralmente inaceptable.

Por tanto, una acción o una omisión que, de suyo o en la intención, provoca la muerte para suprimir el dolor, constituye un homicidio gravemente contrario a la dignidad de la persona humana y al respeto del Dios vivo, su Creador. El error de juicio en el que se puede haber caído de buena fe no cambia la naturaleza de este acto homicida, que se ha de rechazar y excluir siempre (cfr. Sagrada Congregación para la Doctrina de la Fe, Decl. *Iura et bona*).

CEC núm. 2278. La interrupción de tratamientos médicos onerosos, peligrosos, extraordinarios o desproporcionados a los resultados puede ser legítima. Interrumpir estos tratamientos es rechazar el "encarnizamiento terapéutico". Con esto no se pretende provocar la muerte; se acepta no poder impedirla. Las decisiones deben ser tomadas por el paciente, si para ello tiene competencia y capacidad o si no por los que tienen los derechos legales, respetando siempre la voluntad razonable y los intereses legítimos del paciente.

CEC núm. 2279. Aunque la muerte se considere inminente, los cuidados ordinarios debidos a una persona enferma no pueden ser legítimamente interrumpidos. El uso de analgésicos para aliviar los sufrimientos del moribundo, incluso con riesgo de abreviar sus días, puede ser moralmente conforme a la dignidad humana si la muerte no es pretendida, ni como fin ni como medio, sino solamente prevista y tolerada como inevitable. Los cuidados paliativos constituyen una forma privilegiada de la caridad desinteresada. Por esta razón deben ser alentados.

CEC núm. 2324. La eutanasia voluntaria, cualesquiera que sean sus formas y sus motivos, constituye un homicidio. Es gravemente contraria a la dignidad de la persona humana y al respeto del Dios vivo, su Creador.

Magisterio pontificio reciente

Aunque, como se vio en los primeros capítulos, el fenómeno de la eutanasia no es nuevo en la historia del hombre, sólo en las últimas décadas ha adquirido relevancia como consecuencia de la hipertrofia de la autonomía y del escaso valor que se reconoce a toda vida humana. Es por eso que los últimos romanos Pontífices han alzado su voz para recordarle al hombre contemporáneo que sus acciones pueden ir en contra del querer de Dios Creador, sobre todo cuando desprecian, lesionan o eliminan a su criatura humana.

Debe tenerse en cuenta que el Magisterio pontificio[8] (la enseñanza de los papas) puede ser extraordinario o solemne y ordinario; y se recoge de distintas maneras: encíclicas, cartas apostólicas, constituciones apostólicas, breves pontificios, exhortaciones apostólicas, *motu proprios*, declaraciones papales, discursos papales y otros documentos como catequesis, mensajes y homilías.

En general se puede denominar Magisterio pontificio a aquellos pronunciamientos de los papas que tienen contenidos educativos y pastorales, orientados a proteger, custodiar y testimoniar el depósito de la fe, también puede definir doctrinas contenidas en la revelación o verdades no reveladas, pero conexas con ella.

Pío XII

Durante los años comprendidos entre 1947 y 1958, el papa Pío XII se refirió a la eutanasia en al menos cinco oportunidades, en discursos

---

[8] J. Morales, *Iniciación a la teología*, Madrid, Rialp, 2000.

y alocuciones. La más señalada puede ser la última de ellas, el discurso que pronunció a los participantes de la primera Asamblea General del "Collegium Internationale Neuro-psico-pharmacologicum", donde afirmó lo siguiente:

> La eutanasia, es decir, la voluntad de provocar la muerte, está evidentemente condenada por la moral. Pero si el moribundo consiente en ello, está permitido utilizar con moderación narcóticos que dulcifiquen su sufrimiento, aunque también entrañen una muerte más rápida. En este caso, en efecto, la muerte no ha sido querida directamente. Ella es inevitable, y motivos proporcionados autorizan medidas que acelerarán su llegada.[9]

También es muy importante el radiomensaje dirigido al VII Congreso Internacional de Médicos Católicos en 1956 donde afirmó que "El derecho médico no puede, pues, consentir jamás que el médico o el paciente practiquen la eutanasia directa, y el médico jamás puede practicarla ni en sí mismo ni en los demás".[10]

Pablo VI

En cinco discursos el papa Pablo VI se refirió a la eutanasia: ante un grupo de obispos de los Estados Unidos en su visita *ad limina* en 1978; en la Audiencia general del 26 de abril de 1978; al Congreso Mundial de la Federación Internacional de las Asociaciones Médicas Católicas en 1978; a la Comisión Teológica Internacional en 1974, y también en

---

[9] SS Pío XII. Discurso a los participantes de la primera Asamblea General del "Collegium Internationale Neuro-psico-pharmacologicum". Disponible en: http://w2.vatican.va/content/pius-xii/es/speeches/1958/documents/hf_p-xii_spe_19580909_neuro-farmacologia.html Consulta: 26 de octubre de 2022.

[10] SS Pío XII. Radiomensaje al VII Congreso Internacional de Médicos Católicos. Disponible en: <http://w2.vatican.va/content/pius-xii/es/speeches/1956/documents/hf_p-xii_spe_19560911_medici-cattolici.html>. Consulta: 26 de octubre de 2022.

1974 en el discurso a los miembros del Comité Especial de las Naciones Unidas para la cuestión del "Apartheid", donde afirmó:

> Los derechos de las minorías deben ser protegidos, y así como deben ser los derechos de los pobres, de los minusválidos, de los enfermos incurables y de todos aquellos que viven marginados en la sociedad o que no tienen voz.
>
> Sobre todo, el inapreciable derecho a la vida –el más fundamental de todos los derechos– debe ser reafirmado de nuevo, junto con la condena de esa aberración masiva que consiste en la destrucción de la vida humana inocente, sea cual sea el estado en que se encuentre, por medio de los repugnantes crímenes del aborto o la eutanasia.[11]

Juan Pablo II

En la Carta Encíclica *Sollicitudo rei socialis*, "Atención de la realidad social", en el vigésimo aniversario de la encíclica *Populorum progressio*, en el núm. 26 dice:

> Aquí se inserta también, como signo del respeto por la vida –no obstante todas las tentaciones por destruirla, desde el aborto a la eutanasia– la preocupación concomitante por la paz; y, una vez más, se es consciente de que ésta es indivisible: o es de todos, o de nadie. Una paz que exige, cada vez más, el respeto riguroso de la justicia, y, por consiguiente, la distribución equitativa de los frutos del verdadero desarrollo.[12]

---

[11] San Pablo VI. Discurso a los miembros del Comité Especial de las Naciones Unidas para la cuestión del "apartheid". Disponible en <http://w2.vatican.va/content/paul-vi/es/speeches/1974/documents/hf_p-vi_spe_19740522_apartheid.html>. Consulta: 26 de octubre de 2022.

[12] San Juan Pablo II. Encíclica *Sollicitudo rei socialis*. Disponible en http://w2.vatican.va/content/john-paul-ii/es/encyclicals/documents/hf_jp-ii_enc_30121987_sollicitudo-rei-socialis.html>.

Es especialmente importante la caracterización que hace san Juan Pablo II de la eutanasia en su décimoprimera encíclica *Evangelium Vitae*, "El evangelio de la vida",[13] sobre el valor y el carácter inviolable de la vida humana, de 1995, donde en el núm. 65 afirma con la contundencia de ser sucesor de san Pedro, el Vice Cristo en la tierra:

De acuerdo con el Magisterio de mis predecesores y en comunión con los obispos de la Iglesia católica, confirmo que la eutanasia es una grave violación de la Ley de Dios, en cuanto eliminación deliberada y moralmente inaceptable de una persona humana. Esta doctrina se fundamenta en la ley natural y en la Palabra de Dios escrita; es transmitida por la Tradición de la Iglesia y enseñada por el Magisterio ordinario y universal. Semejante práctica conlleva, según las circunstancias, la malicia propia del suicidio o del homicidio.

Y más adelante, en el mismo documento, en los núms. 72 y 73, precisa los alcances de la eutanasia:

72. […] Las leyes que, como el aborto y la eutanasia, legitiman la eliminación directa de seres humanos inocentes están en total e insuperable contradicción con el derecho inviolable a la vida inherente a todos los hombres, y niegan, por tanto, la igualdad de todos ante la ley. Se podría objetar que éste no es el caso de la eutanasia, cuando es pedida por el sujeto interesado con plena conciencia. Pero un Estado que legitimase una petición de este tipo y autorizase a llevarla a cabo, estaría legalizando un caso de suicidio-homicidio, contra los principios fundamentales de que no se puede disponer de la vida y de la tutela de toda vida inocente. De este modo se favorece una disminución del respeto a

---

[13] San Juan Pablo II. Encíclica *Evangelium vitae*. Disponible en <https://www.vatican.va/content/john-paul-ii/es/encyclicals/documents/hf_jp-ii_enc_25031995_evangelium-vitae.html>. Consulta: 26 de octubre de 2022.

la vida y se abre camino a comportamientos destructivos de la confianza en las relaciones sociales.

Por tanto, las leyes que autorizan y favorecen el aborto y la eutanasia se oponen radicalmente no sólo al bien del individuo, sino también al bien común y, por consiguiente, están privadas totalmente de auténtica validez jurídica. En efecto, la negación del derecho a la vida, precisamente porque lleva a eliminar la persona en cuyo servicio tiene la sociedad su razón de existir, es lo que se contrapone más directa e irreparablemente a la posibilidad de realizar el bien común. De esto se sigue que, cuando una ley civil legitima el aborto o la eutanasia deja de ser, por ello mismo, una verdadera ley civil moralmente vinculante.

73. Así pues, el aborto y la eutanasia son crímenes que ninguna ley humana puede pretender legitimar. Leyes de este tipo no sólo no crean ninguna obligación de conciencia, sino que, por el contrario, establecen una grave y precisa obligación de oponerse a ellas mediante la objeción de conciencia. Desde los orígenes de la Iglesia, la predicación apostólica inculcó a los cristianos el deber de obedecer a las autoridades públicas legítimamente constituidas (cf. Rom 13, 1-7, 1 P 2, 13-14), pero al mismo tiempo enseñó firmemente que "hay que obedecer a Dios antes que a los hombres" (Hch 5, 29). […] Es precisamente de la obediencia a Dios –a quien sólo se debe aquel temor que es reconocimiento de su absoluta soberanía– de donde nacen la fuerza y el valor para resistir a las leyes injustas de los hombres. Es la fuerza y el valor de quien está dispuesto incluso a ir a prisión o a morir a espada, en la certeza de que "aquí se requiere la paciencia y la fe de los santos" (Ap 13,10).

En el caso pues de una ley intrínsecamente injusta, como es la que admite el aborto o la eutanasia, nunca es lícito someterse a ella, "ni participar en una campaña de opinión a favor de una ley semejante, ni darle el sufragio del propio voto".

En varias exhortaciones apostólicas también se refiere directamente al tema de la eutanasia: en la Exhortación Apostólica Postsinodal *Ecclesia in America*[14] núm. 63; en la Exhortación Apostólica Postsinodal *Pastores gregis*[15] núm. 71; en la Exhortación Apostólica Postsinodal *Ecclesia in Europa*[16] núm. 95.

Además, en cerca de 30 discursos pronunciados a lo largo de su pontificado habló sobre la eutanasia como una manifestación de la cultura de la muerte, de una ética utilitarista, de un desprecio por la vida que declina, de una incomprensión de lo que son el dolor y el sufrimiento humanos.

Benedicto XVI

En el núm. 28 de la primera de sus tres encíclicas, *Caritas in veritate*, el Papa Emérito Benedicto XVI se refirió a la eutanasia en los siguientes términos: "Preocupan también tanto las legislaciones que aceptan la eutanasia como las presiones de grupos nacionales e internacionales que reivindican su reconocimiento jurídico".[17]

En 11 de sus discursos también mencionó la eutanasia como una práctica que forma parte de una nueva ola de eugenesia discrimi-

---

[14] San Juan Pablo II. Exhortación Apostólica Postsinodal *Ecclesia in America*. Disponible en <http://w2.vatican.va/content/john-paul-ii/es/apost_exhortations/documents/hf_jp-ii_exh_22011999_ecclesia-in-america.html>. Consulta: 27 de octubre 2022.

[15] San Juan Pablo II. Exhortación Apostólica Postsinodal *Pastores gregis*. Disponible en <http://w2.vatican.va/content/john-paul-ii/es/apost_exhortations/documents/hf_jp-ii_exh_20031016_pastores-gregis.html>. Consulta: 27 de octubre de 2022.

[16] San Juan Pablo II. Exhortación Apostólica Postsinodal *Ecclesia in Europa*. Disponible en <http://w2.vatican.va/content/john-paul-ii/es/apost_exhortations/documents/hf_jp-ii_exh_20030628_ecclesia-in-europa.html>. Consulta: 27 de octubre de 2022.

[17] Benedicto XVI. Enc. *Caritas in veritate*. Disponible en <http://w2.vatican.va/content/benedict-xvi/es/encyclicals/documents/hf_ben-xvi_enc_20090629_caritas-in-veritate.html>. Consulta: 27 de octubre de 2022.

natoria, una manifestación más del relativismo ético, un oscureci-miento de la racionalidad humana y una abdicación teórica y prácti-ca de la capacidad humana de conocer la verdad y vivir de acuerdo con ella.

Francisco

En varias intervenciones el papa Francisco ha hablado de la eutana-sia como otra de las manifestaciones de la "cultura del descarte", de la exclusión, de la falsa compasión que no es evangélica. Por ejemplo, a los médicos italianos, en la celebración de los 70 años de la Asocia-ción de Médicos Católicos Italianos, les decía:

> El pensamiento dominante propone a veces una "falsa com-pasión": la que considera una ayuda para la mujer favorecer el aborto, un acto de dignidad facilitar la eutanasia, una conquis-ta científica "producir" un hijo considerado como un derecho en lugar de acogerlo como don; o usar vidas humanas como cone-jillos de laboratorio para salvar posiblemente a otras.[18]

En la exhortación apostólica *Amoris laetitia* afirma: "La eutana-sia y el suicidio asistido son graves amenazas para las familias de todo el mundo".[19] Y al personal de salud les dice: "Que vuestra acción tenga constantemente presente la dignidad y la vida de la persona, sin ceder a actos que lleven a la eutanasia, al suicidio asistido o a poner fin a la vida, ni siquiera cuando el estado de la enfermedad sea irreversible".[20]

---

[18] Francisco. Discurso a los participantes en el Congreso conmemorativo de la Asociación de Médicos Católicos Italianos con motivo del 70 aniversario de su fundación. Disponible en <http://m2.vatican.va/content/francesco/es/speeches/2014/november/documents/papa-francesco_20141115_medici-cattolici-italiani.html>. Consulta: 28 de octubre de 2022.

[19] Francisco. Exhortación apostólica *Amoris laetitia*, El Vaticano, Editrice vaticana, 2016, núm. 48.

[20] Francisco. "Mensaje para la XXVIII Jornada Mundial del Enfermo". El Vaticano, Editrice vatica-na, 2020.

Otros documentos magisteriales

Declaración *Iura et bona*

La Sagrada Congregación para la Doctrina de la Fe, en mayo de 1980, presentó a san Juan Pablo II una declaración para "proponer la enseñanza de la Iglesia sobre el problema de la eutanasia".[21] El papa aprobó la declaración y ordenó su publicación.

Se trata de un documento que en la introducción parte de la reafirmación de la dignidad de la persona humana y del derecho a la vida; en el primer capítulo señala el valor de la vida humana como fundamento de todos los bienes; precisa el uso de los términos en el segundo capítulo; en el tercero muestra el significado del dolor y del sufrimiento para un cristiano y aborda la utilización de medicamentos analgésicos; plantea el uso proporcionado de los medios terapéuticos en el cuarto capítulo y cierra el documento con unas conclusiones donde se explica el sentido de las normas contenidas en él.

Cuestiones éticas relativas a los enfermos graves y a los moribundos[22]

Un año después, en 1981, el Consejo Pontificio *Cor unum* publica el documento "Cuestiones éticas relativas a los enfermos graves y a los moribundos", donde se recuerda el significado tanto de la vida como de la muerte y del sufrimiento; la distinción entre medios ordinarios y extraordinarios (hoy se utiliza el concepto de medios "proporcionados" y "desproporcionados"); se aborda la importancia de un

---

21 Declaración *Iura et bona* de la Sagrada Congregación de la Doctrina de la Fe sobre la Eutanasia. Disponible en <http://www.vatican.va/roman_curia/congregations/cfaith/documents/rc_con_cfaith_doc_19800505_euthanasia_sp.html>. Consulta: 28 de octubre de 2022.

22 "Cuestiones éticas relativas a los enfermos graves y a los moribundos", en Consejo Pontificio *Cor unum*. Disponible en <http://www.internetsv.info/Qetiche.html>. Consulta: 28 de octubre de 2022.

adecuado criterio de calidad de vida, el uso de los analgésicos en la fase terminal y la necesidad del acompañamiento; se afronta el tema de la muerte cerebral, de la comunicación con los moribundos y de las responsabilidades del personal sanitario, incluida su formación en temas éticos; y se resalta la responsabilidad tanto de la familia como de la sociedad de educar en los temas del sufrimiento, de la muerte y de una recta legislación sobre estos temas.

Carta a los agentes sanitarios[23]

En 1995, el Consejo Pontificio para la Pastoral de la Salud, publica la "Carta a los agentes sanitarios", en el núm. 150 se precisa:

> La eutanasia trastorna la relación médico-paciente. De parte del paciente, porque éstos se dirigen al médico como a aquel que puede asegurarles la muerte. De parte del médico, porque él ha dejado de ser absoluto garante de la vida: el enfermo debe temer de él la muerte. El contacto médico-paciente es una relación de confianza de vida y como tal debe permanecer.
>
> La eutanasia es "un crimen" al cual los agentes de la salud, garantes siempre y sólo de la vida, no pueden cooperar de ningún modo.
>
> Para la ciencia médica, la eutanasia marca "un momento de decadencia y de abdicación, además de una ofensa a la dignidad del moribundo y a su persona". Su perfil, como "ulterior arribo de muerte después del aborto", debe ser tomado como una "dramática llamada" a la fidelidad efectiva y sin reservas hacia la vida.

---

23 "Carta a los agentes sanitarios", en Consejo Pontificio para la Pastoral de la Salud. Disponible en <http://www.unav.es/cdb/sscartaagentes.html>.

Respetar la dignidad del moribundo
Consideraciones éticas sobre la eutanasia[24]

Por su parte, la Academia Pontificia para la Vida escribió, a finales del año 2000, un documento que aborda las consideraciones éticas sobre la eutanasia. Allí se muestra de manera resumida la historia de la eutanasia en los últimos años, sobre todo a partir de la experiencia de Holanda.

Se describe que el gozne sobre el cual gira la práctica de la eutanasia tiene dos claros elementos: el principio de autonomía del sujeto y la convicción de la inutilidad del dolor que a veces acompaña el proceso de morir.

Se resalta que la Iglesia ha tenido contacto permanente con los agentes sanitarios y el cuerpo médico para monitorear la situación y para recordar que la razón iluminada por la fe muestra un rumbo totalmente contrario a esta práctica. Esa misma cercanía facilita conocer los ocultos intereses de disminuir el gasto público eliminando a quienes demandan cuidados onerosos al final de la vida.

Se muestra cómo los anteriores documentos magisteriales no se quedan sólo en desaprobar la práctica de la eutanasia, sino que proponen un camino de asistencia integral al enfermo grave y al moribundo, respetuoso de su dignidad. Resalta que las peticiones de muerte son en general una manifestación extrema de la necesidad de una mejor atención médica y de cercanía humana y que la legitimación de la eutanasia puede llevar a inducir una perversa complicidad del cuerpo médico.

---

[24]   Academia Pontificia para la Vida. "Respetar la dignidad del moribundo. Consideraciones éticas sobre la eutanasia". Disponible en <http://www.vatican.va/roman_curia/pontifical_academies/acdlife/documents/rc_pa_acdlife_doc_20001209_eutanasia_sp.html>. Consulta: 28 de octubre de 2022.

Carta *Samaritanus bonus* sobre el cuidado de las personas en las fases críticas y terminales de la vida[25]

La situación que vivió el mundo en 2020 con la pandemia de covid-19 supuso un reto de gran envergadura para toda la humanidad: de un momento a otro fue necesario que se tomaran medidas sanitarias y epidemiológicas para limitar la propagación del virus Sars-Cov-2 y tratar de controlar el contagio. Sin embargo, la magnitud del problema pronto pasó del plano sanitario al económico y social, y también al ámbito ético: los protocolos fueron insuficientes para tomar decisiones de vida o muerte en los pacientes, sobre todo en los ancianos.[26]

En ese marco la Iglesia ofreció, además de otros muchos mensajes de aliento y esperanza, un documento donde se recuerdan principios básicos acerca del sentido propio y el valor de cada vida humana, sobre todo la más vulnerable.

En esta oportunidad también se tiene presente la enseñanza de la Iglesia sobre la eutanasia y el suicidio asistido, sobre el cuidado, acompañamiento y asistencia a las personas que padecen un estado terminal de enfermedad y necesitan de los cuidados paliativos.

Magisterio episcopal

Sólo se incluyen dos muestras representativas de la enseñanza de los obispos, una de orden continental y otra de orden nacional.

---

[25] Congregación para la Doctrina de la Fe. Carta *Samaritanus bonus*. Sobre el cuidado de las personas en las fases críticas y terminales de la vida. Disponible en <https://press.vatican.va/content/salastampa/es/bollettino/pubblico/2020/09/22/carta.html>. Consulta: 28 de octubre de 2022.

[26] G. Gamboa-Bernal, "Importancia e implicaciones de un juramento en tiempos de pandemia", *Persona y Bioética*, 2020, 24(1): 5-13. DOI: https://doi.org/10.5294/pebi.2020.24.1.1

V Conferencia General del Episcopado Latinoamericano y del Caribe, en Aparecida, Brasil, 2007[27]

En el documento conclusivo se hace referencia a la eutanasia en dos números:

> 436. Esperamos que los legisladores, gobernantes y profesionales de la salud, conscientes de la dignidad de la vida humana y del arraigo de la familia en nuestros pueblos, la defiendan y protejan de los crímenes abominables del aborto y de la eutanasia; ésta es su responsabilidad. Por ello, ante leyes y disposiciones gubernamentales que son injustas a la luz de la fe y la razón, se debe favorecer la objeción de conciencia. Debemos atenernos a la "coherencia eucarística", es decir, ser conscientes de que no pueden recibir la sagrada comunión y al mismo tiempo actuar con hechos o palabras contra los mandamientos, en particular cuando se propician el aborto, la eutanasia y otros delitos graves contra la vida y la familia. Esta responsabilidad pesa de manera particular sobre los legisladores, gobernantes, y los profesionales de la salud.

> 467. Asistimos hoy a retos nuevos que nos piden ser voz de los que no tienen voz. El niño que está creciendo en el seno materno y las personas que se encuentran en el ocaso de sus vidas, son un reclamo de vida digna que grita al cielo y que no puede dejar de estremecernos. La liberalización y banalización de las prácticas abortivas son crímenes abominables, al igual que la eutanasia, la manipulación genética y embrionaria, ensayos médicos contrarios a la ética, pena capital, y tantas otras maneras de atentar contra la dignidad y la vida del ser humano. Si queremos sostener un fundamento sólido e inviolable para

---

27 Celam. Documento final de la V Conferencia General. Disponible en <http://www.celam.org/aparecida/Espanol.pdf>. Consulta: 30 de octubre de 2022.

los derechos humanos, es indispensable reconocer que la vida humana debe ser defendida siempre, desde el momento mismo de la fecundación. De otra manera, las circunstancias y conveniencias de los poderosos siempre encontrarán excusas para maltratar a las personas.

Declaración de la Conferencia Episcopal de Colombia

Ante los sucesos acaecidos en Colombia a finales de 2014 y principios de 2015, la Conferencia Episcopal de Colombia expidió el siguiente comunicado:[28]

Comunicado de la Comisión Permanente
de la Conferencia Episcopal de Colombia

Bogotá, D. C., 20 de mayo de 2015

La Iglesia católica busca promover y defender la dignidad y los derechos de cada persona humana porque reconoce en ella la imagen viva de Dios (cfr. DSI 105). El bien integral de la persona humana ha de ser el fin primordial que han de perseguir conjuntamente la sociedad y el Estado colombiano.

Con profundo dolor, los Obispos constatamos cómo en nuestro país se atenta diariamente contra la dignidad y contra los derechos de millones de colombianos, especialmente de los más desfavorecidos.

Advertimos, con preocupación, la existencia de un escenario social de progresiva "deshumanización". En efecto, a la injusticia, a la inequidad y a la violencia, que nos afectan gravemente, se suma también una creciente erosión de los valo-

---

[28] Conferencia Episcopal de Colombia, "Comunicado de la Comisión Permanente". Disponible en <https://www.cec.org.co/sites/default/files/WEB_CEC/Documentos/Comision-Permanente/2015/2015%20-%20%20 Libertad%20Religiosa%20y%20de%20Conciencia.pdf>. Consulta: 30 de octubre de 2022.

res éticos y morales en diversas esferas de nuestra sociedad, la cual se ha podido evidenciar de diferentes maneras en los últimos años.

Lamentablemente, las recientes decisiones de la Corte Constitucional no han ayudado a mejorar la resquebrajada solidez ética de nuestra nación, que debe comenzar indudablemente por la defensa de la vida como derecho fundamental de todo ser humano. Con sus resoluciones, favoreciendo la injusta práctica del aborto y de la eutanasia, ha pretendido imponer a los ciudadanos y a diversas instituciones, no sólo religiosas, acciones contrarias a sus valores éticos o morales.

La Iglesia católica quiere ahora reiterar, a través de la voz de sus pastores, su firme desaprobación a este grave extravío ético y moral. Consideramos gravísimo que derechos fundamentales, como el derecho a la vida, a la libertad de conciencia o a la libertad religiosa, consagrados en nuestra Carta Magna, sean injustamente restringidos por organismos que deberían ser garantes de la Constitución y de los derechos de los colombianos.

Como Iglesia católica, siempre respetuosa del ordenamiento jurídico como base fundamental de la sociedad, solicitamos al Gobierno que, en los diversos campos sociales, entre ellos el de la salud, garantice a nuestras instituciones el poder desarrollar su labor en pleno acatamiento de sus propios valores e ideales.

Animamos a todos los trabajadores de la salud y les brindamos nuestro apoyo para que sigan sin desfallecer entregando su vida para salvaguardar la vida de todos los enfermos, principalmente de los que se encuentran en las condiciones más críticas e incluso aparentemente sin esperanza.

Valoramos las diferentes manifestaciones de todos los ciudadanos de buena voluntad que, de una u otra manera, se organizan para defender la vida y proclamarla como un don de Dios y como derecho fundamental de todo ser humano, y les impartimos nuestra bendición.

Luis Augusto Castro Quiroga, arzobispo de Tunja
Presidente de la Conferencia Episcopal

Conclusiones

Como se ha visto a lo largo del escrito, aquello que intenta soportar la eutanasia como derecho y conquista de la autonomía personal forma parte de reflexiones ideologizadas, que contienen no pocos errores, varias incoherencias y unas cuantas contradicciones, casi todas derivadas de privilegiar la sensación sobre la racionalización.

Detrás de la petición de muerte en el caso de un sufrimiento grande, prolongado e inmanejable, puede estar el deseo de la persona no de la muerte misma, sino del cese de su padecimiento corporal o psíquico. Un buen tratamiento paliativo, que incluya el manejo del dolor, puede lograr el efecto de que, recuperada la conciencia libre y espontánea, merced a la desaparición temporal o definitiva del sufrimiento que la condicionaba, el paciente desistiera de su propósito y volviera a expresar su natural apego a la vida. Por esto se puede afirmar que la conclusión de que el consentimiento existe en tales casos, y peor aún, la de que su manifestación en semejantes condiciones validaría el acto del homicidio, es infundada.

Podría esgrimirse entonces una salida, que de hecho se presenta: que el consentimiento sea expresado con antelación a la aparición de los sufrimientos, cuando la persona se encuentra exenta de ellos y en la plenitud de sus facultades intelectuales, por ejemplo, cuando se hospitaliza o al afiliarse a una entidad que tenga por objeto proteger el supuesto derecho a la muerte digna. Es el caso del llamado "testamento vital".

Aunque legítimamente pueda darse esa disposición anticipada sobre la propia existencia, quitaría fundamento a la causal de su justificación, por cuanto se alejaría de la circunstancia extrema, condicionante del acto homicida. Y, por otro lado, no es posible asegurar que el paciente mantenga siempre y en toda circunstancia ese "testamento vital" cuando es tan cambiante y falible la irreversibilidad e irrevocabilidad de la decisión humana.

Es un hecho que muchas personas, una vez otorgada la licencia para provocar su muerte en caso de graves dolores, cuando los experimentan cambian la decisión plasmada en el contrato de muerte; tampoco se puede asegurar que cuando la persona se halle imposibilitada para expresar de nuevo su consentimiento, siga manteniendo la decisión contenida en el "testamento vital".

No es conveniente que la sociedad entregue autorización legal al médico, o a los profesionales de la salud, ni a cualquier persona, para poner fin a la vida de los enfermos, aun estando en condiciones deplorables y terminales.

La profesión médica perdería su imagen ante la sociedad y suscitaría desconfianza, ya que el médico pasaría de ser servidor y protector de la vida a verdugo de ella.

Estas reflexiones llevan a que en la conclusión de este escrito se toquen con un poco más de detalle tres temas: los cuidados paliativos, el testamento vital y la objeción de conciencia.

Los cuidados paliativos

A medida que la población de Europa se ha venido envejeciendo, ha sido preciso desarrollar un tipo de medicina que pueda dar solución a los problemas que aquejan a las personas de la tercera edad. Otro ingrediente se suma al anterior: el incremento de la expectativa de vida que lleva consigo un incremento en las patologías propias de los ancianos. Los cuidados paliativos surgen como una respuesta a la atención que demanda un número cada vez mayor de pacientes que se encuentran en fases finales de una enfermedad terminal, en quienes no sea ya posible un tratamiento curativo y de comprobada eficacia.

Desde la década de los sesenta del siglo XX, en Inglaterra se empezó a trabajar en el St. Christopher´s Hospice[1] bajo la dirección de Cicely M. Saunders,[2] quien desde años antes se había entrenado para atender enfermos terminales y ancianos.

Los antecedentes de estas iniciativas se remontan a los hospicios de la Edad Media,[3] que tenían una finalidad más caritativa que propiamente médica y menos de atención a personas moribundas. Parece ser que fue en Lyon, Francia, en 1842 cuando un Hospice empezó a trabajar por primera vez con pacientes agónicos.[4]

La iniciativa de Saunders se replicó con rapidez no sólo en el Reino Unido sino en el resto de Europa en lo que se conoce como Movimiento Hospice. Luego vino la integración del Movimiento Hospice con los sistemas sanitarios públicos de varios países, aunque no en todos ha sido fácil.

Con los viajes de Saunders a los EUA, desde 1963, el Movimiento Hospice empieza a desarrollarse en América, con el apoyo de los trabajos de Elizabeth Kübler Ross[5] con pacientes moribundos. Hasta que en 1974, en Connecticut, se funda el primer Hospice en el continente americano, donde se empieza a desarrollar el cuidado a domicilio.

---

[1] *Annual Report and Year Book 1990-91, St. Christopher's Hospice*, Londres, St. Christopher's Hospice, 1991.

[2] S. Boulay, *Changing the Face of Death, the Story of Cicely Saunders*, Norfolk, RM Education Press, 1996.

[3] C. Centeno, "Historia y desarrollo de los cuidados paliativos", en Marcos Gómez Sancho (ed.), *Cuidados paliativos e intervención psicosocial en enfermos de cáncer*, Las Palmas, ICEPS, 1988.

[4] C. Saunders, "Foreword", en D. Doyle, G. Hanks y N. MacDonald (eds.), *Oxford Textbook of Palliative Medicine* (2a. ed.), Oxford, Oxford University Press, 1998.

[5] E. Kübler-Ross, *Sobre la muerte y los moribundos*, Barcelona, Grijalbo, 1989.

En 1987, en el Reino Unido, la medicina paliativa fue instaurada por primera vez como especialidad y a partir de allí en muchos países de todo el mundo se empieza a trabajar en esta nueva forma de hacer medicina. Quienes ya trabajaban en oncología y en el manejo del dolor han encontrado un cauce amplio para extender la ayuda a sus pacientes siguiendo la filosofía de los cuidados paliativos.

Se dice "filosofía de los cuidados paliativos" porque antes que ser una suma de pautas de manejo o de protocolos de acción, el cuidado paliativo es una forma de enfocar al paciente y a su familia, donde se rescata la atención a la dignidad que le es propia, se respetan los ciclos de la vida, se cuida y se acompaña, etc., y no sólo se intenta controlar síntomas y procurar un bienestar al final de la vida.[6]

Los cuidados paliativos no son privativos para las personas de la tercera edad, sino que también se debe hablar de ellos en la población pediátrica cuando ésta padece enfermedades terminales o degenerativas.[7]

La medicina paliativa no reemplaza la atención especializada en oncología, neurología, psiquiatría, etc., sino que se debe instaurar cuando los recursos aportados por las anteriores especialidades empiezan a ser inefectivos o no logran atender adecuadamente a los pacientes por el desarrollo de la enfermedad.

El cuidado paliativo ayuda a que la última temporada de la vida de las personas que lo requieren transcurra del mejor modo posible para sus familias y para ellas: que estén conscientes, sin dolores, con los síntomas controlados, dejando organizadas todas las cosas para poder partir sin preocupaciones, en el sitio donde más a gusto se encuentren, ya sea en el hogar, en casa de amigos o parientes, en el hospital, etc., al lado de las personas que aman.

---

[6]   G. Gamboa-Bernal, "Enfoques divergentes de la medicina: una reflexión bioética", en *Cuadernos de Bioética*, 2021, 32(104): 15-22. DOI: 10.30444/CB.84

[7]   H. de Dijn, "Prefacio II", en T. Devos *et al., op. cit.,* pp. 25-32.

La medicina paliativa permite que el proceso del morir transcurra sin adelantarlo ni atrasarlo: no procura la muerte, ni prolonga la vida. Solamente ayuda, con conocimientos profesionales, a que esa última etapa de la vida sea vivida en las mejores condiciones posibles.

Pero el cuidado paliativo no termina con la muerte de la persona: se extiende en el duelo a los familiares, para que puedan elaborar bien este periodo y llevarlo de manera positiva y asertiva. Esta intervención con la familia se empieza antes del fallecimiento del ser querido y se prolonga por algunas semanas posteriores al deceso.

En Colombia, tanto los cuidados paliativos como la disposición de opioides están regulados con la ley 1733 de 2014. Es interesante anotar varias cosas sobre esta ley:

> Reglamenta el derecho que tienen las personas con enfermedades en fase terminal, crónicas, degenerativas e irreversibles, a la atención en cuidados paliativos que pretende mejorar la calidad de vida, tanto de los pacientes que afrontan estas enfermedades, como de sus familias, mediante un tratamiento integral del dolor, el alivio del sufrimiento y otros síntomas, teniendo en cuenta sus aspectos psicopatológicos, físicos, emocionales, sociales y espirituales.[8]

En el artículo 5º, donde se habla de los derechos de los pacientes en fase terminal, enfermos terminales, crónicos o con patología degenerativa, no se menciona el supuesto "derecho a una muerte digna"; es más, en toda la ley no aparecen alusiones ni a la eutanasia, ni a la muerte digna ni a morir con dignidad. Tampoco se habla de "testamento vital", pero sí se trata de las voluntades anticipadas.

La ley también indica las obligaciones que las entidades públicas y privadas, empresas promotoras de salud (EPS) e instituciones

---

[8] Ley 1733 del 8 de septiembre de 2014. Disponible en <http://wsp.presidencia.gov.co/Normativa/Leyes/Documents/LEY%201733%20DEL%2008%20DE%20SEPTIEMBRE%20DE%202014.pdf>. Consulta: 18 de diciembre de 2022.

prestadoras de salud (IPS) tienen de prestar atención de cuidado paliativo, en "todos los niveles de atención por niveles de complejidad, de acuerdo con la pertinencia médica y los contenidos del Plan Obligatorio de Salud" (cfr. art. 6).

Sobre el acceso a medicamentos opioides: se garantiza la distribución las 24 horas del día, los siete días de la semana (cfr. art. 8) de estos medicamentos que son la base del control del dolor.

En los debates previos en los cuerpos colegiados del Congreso de la República, en varias legislaturas, un tema fue especialmente debatido: el presupuestal; tanto, que la iniciativa se hundió en una ocasión por el concepto desfavorable tanto de Planeación Nacional como del Ministerio de Hacienda. Esto lleva a una reflexión relacionada con el tema de la eutanasia. Si, a pesar de ser costoso el cuidado paliativo, el Estado colombiano finalmente legisló sobre la materia, dejando de lado en primera instancia la "solución más barata" (la eutanasia y la ayuda al suicidio), querrá decir que el Congreso de la República reconoce que la aplicabilidad de los cuidados paliativos está más acorde con su obligación de velar por el interés de los colombianos, dentro de unas pautas racionales de respeto a cada ser humano, con independencia de su capacidad de aportar al sistema, o de cualquier otra determinante en su vida o condición patológica.

También es relevante que no se hable de "testamento vital" *(living will)* pues esta terminología fue creada por las instituciones que promueven la eutanasia, valiéndose de ese documento para garantizar que la voluntad del paciente de poner fin a su vida pudiera hacerse valer y respetar.

El testamento vital o Voluntad Anticipada

Más acorde con la filosofía que soporta el cuidado paliativo está el documento llamado "Voluntad Anticipada".

Según el artículo 5°, numeral 4 de la ley 1733/2014, se define el derecho a suscribir un documento de Voluntad Anticipada en los siguientes términos:

> Toda persona capaz, sana o en estado de enfermedad, en pleno uso de sus facultades legales y mentales, con total conocimiento de las implicaciones que acarrea el presente derecho podrá suscribir el documento de Voluntad Anticipada. En éste, quien lo suscriba indicará sus decisiones, en el caso de estar atravesando una enfermedad terminal, crónica, degenerativa e irreversible de alto impacto en la calidad de vida de no someterse a tratamientos médicos innecesarios que eviten prolongar una vida digna en el paciente y en el caso de muerte su disposición o no de donar órganos.

El "testamento vital" fue concebido para manifestar una voluntad omnímoda y un ejercicio irrestricto de la autonomía personal, que supuestamente son la base de la decisión de poner término a la propia vida. En general se promueve que este documento sea firmado con anterioridad a las situaciones finales, para poder demostrar la competencia psíquica y mental de la persona que lo suscribe[9] y poder practicar sin inconvenientes la eutanasia.[10]

Según las distintas instituciones, el texto del "testamento vital" puede tener más o menos eufemismos, para garantizar que las personas al suscribirlo no se asusten, conozcan sólo parcialmente lo que en el fondo están firmando o sencillamente para no hacer más traumático su trámite. Sin embargo, en todos ellos una idea está siempre presente: autorizar a un tercero para que ayude o proceda a poner fin a la vida.

---

[9] M. J. Silveira, S. Y. H. Kim y K. M. Langa, "Advance Directives and Outcomes of Surrogate Decision Making Before Death", en *NEngl JMed.*, 2010, 362: 1211-1218.

[10] L. F. Valdés-López, *Bioética y opinión pública*, México, Minos, 2013.

En cambio, el documento de Voluntad Anticipada siempre tiene una perspectiva distinta: se propone en primera instancia respetar y resaltar la dignidad de la persona; se estipulan las situaciones hipotéticas en las que deba entrar en vigencia el documento; se establecen los límites de los tratamientos que se recibirán para no caer en el encarnizamiento terapéutico; se rechaza la eutanasia y todo mecanismo para acortar la vida con o sin consentimiento; se dejan claras las decisiones sobre donación o no de órganos y tejidos; se dan instrucciones sobre cómo, dónde, con quién pasar los últimos días de la vida y sobre detalles del sepelio y honras fúnebres; se determina el tipo de asistencia espiritual que se desee tener.

Dependiendo de las legislaciones, el documento de Voluntad Anticipada se puede dotar de la formalidad indicada por la ley, con testigos e inscripción o protocolización por notaría, etc. Se debería dejar abierta la posibilidad de cambiar el contenido del documento, para evitar que la voluntad del paciente quede anclada en el pasado y se pueda enriquecer con las nuevas circunstancias o determinantes a las que en el futuro pueda estar sometido.

La realidad de estos documentos es que están en general muy bien reglamentados, pero su aplicabilidad es todavía muy limitada y su aceptabilidad social muy reducida:[11] bien sea por desconocimiento de las personas, o por su origen como mecanismo de defensa o de soporte a la eutanasia.

Aunque los testamentos vitales hayan nacido en un contexto proeutanasia, la Voluntad Anticipada puede corregir esa situación: cambiar la "patente de corso" que permite matar, por la expresión de un querer ser tratado y respetado de la mejor manera posible, en las situaciones donde la vulnerabilidad por enfermedad terminal se incremente. Esos documentos pueden ser también la ocasión de plasmar principios y valores éticos que han caracterizado la práctica

---

[11] Cantú-Quintanilla *et al.*, "La Ley de Voluntad Anticipada del Distrito Federal en México. Trasplantes e ideología", en *Persona y Bioética*, 2012, 16(1): 11-17.

hipocrática de la medicina y de las ciencias de la salud y que lleven a la equilibrada ponderación tanto de los derechos del paciente cuanto del médico.

La objeción de conciencia[12]

El conflicto entre ley humana y conciencia es casi tan antiguo como el hombre mismo. Sin embargo, el concepto de objeción de conciencia es relativamente moderno. Surge enmarcado dentro de las coordenadas político-sociales que permiten trasladar a la sociedad y a los poderes públicos –planteándolo como un problema jurídico– lo que antes era sólo un conflicto personal, que en nada parecía afectar la aplicación de la ley.

La objeción de conciencia se presenta hoy como un fenómeno social, que adquiere claramente una progresiva importancia. Las causas por lo que esto ocurre no se reducen sólo a que hay un número cada vez mayor de personas que invocan este argumento para sustraerse a una determinada obligación jurídica, sino también al hecho de que esta actitud va ampliando su campo de aparición en cada vez más diversos ámbitos de la vida social.

Una encrucijada en la que no cesan de aparecer conflictos entre ley y conciencia es la bioética. Los profesionales de las ciencias de la salud se encuentran, cada vez con más frecuencia, ante concretas obligaciones profesionales cuyo cumplimiento consideran incompatible con el respeto a unos valores éticos que su conciencia les presenta como indiscutibles.

La conquista probablemente más significativa de la ética moderna en las profesiones sanitarias ha consistido en convertir a pacientes, médicos, enfermeras, etc., en agentes conscientes, libres y responsables. Y lo más propio de un profesional es hacer las cosas a conciencia,

---

[12] V. Prieto-Martínez, "Objeción de conciencia a la eutanasia", en *Revista Latinoamericana de Derecho y Religión*, 2015, 1(1): 1-28.

es decir, con conocimiento y libertad, con competencia y deliberación, de acuerdo con esos principios éticos establemente fundados, hondamente sentidos y profundamente razonados, fruto de una recta formación de la conciencia.

Se pueden identificar tres características básicas en toda objeción de conciencia:

a)	su carácter pacífico y no violento,
b)	su fundamento ético más que político,
c)	su intención de testimoniar contra conductas que, aunque socialmente permitidas, son tenidas por inadmisibles o perversas por el objetor.

Cuando una persona invoca el recurso a la objeción de conciencia no pretende con su acción, y de modo inmediato, subvertir o cambiar la situación política, legal o social reinante. Trata simplemente de eximirse pacíficamente de ciertas acciones, sin que, a consecuencia de ello, tenga que sufrir discriminaciones o renunciar a derechos.

Si bien es cierto que la frecuencia de situaciones particulares que pueden generar objeción de conciencia se ha incrementado, también lo es que tales acciones son relativamente pocas en la vida profesional y que algunas de ellas, en mayor o menor medida, han sido reconocidas como legítimas en la legislación, en la regulación profesional o en la simple costumbre.

Un elenco de acciones que suscitan objeción de conciencia es el siguiente:

El aborto provocado, la contracepción (en especial la postcoital), la esterilización voluntaria, la reproducción asistida, la investigación destructora de embriones y la selección preconcepcional del sexo. La eutanasia, la ayuda médica al suicidio y la suspensión de tratamientos médicos. La participación en la ejecución de la pena capital; la transfusión de sangre y el trasplante de órganos; algunas intervenciones en psicocirugía y determinados experimentos sobre hombres y animales.

La objeción de conciencia está lejos de ser una posesión pacífica o un derecho definitivamente reconocido y especificado. Los objetores han sufrido y seguirán sufriendo un acoso insistente por parte de grupos de presión y de un sector amplio e influyente de la burocracia sanitaria.

La opinión pública está dividida en torno a la objeción de conciencia. Unos piensan que una vez despenalizadas ciertas acciones, como la eutanasia, el aborto y la esterilización, es injusto que el médico las deniegue a quienes las solicitan. Otros sostienen que, en una sociedad avanzada, cuidadosa de los derechos y libertades de sus ciudadanos, nadie puede ser legítimamente obligado a ejecutar una acción que repugna seriamente a su conciencia ética.

En general se puede afirmar que cualquier campo de la acción humana es objeto potencial de la objeción de conciencia, siempre y cuando se den las condiciones para ella:[13] que haya una obligación legal o contractual; que las convicciones éticas de la persona impelida a actuar la estimen incompatible con la recta razón; que se manifieste esa inconformidad sin utilizar la violencia y con un "carácter deliberado y patente de la negativa que se realiza de forma pública y manifiesta, con la finalidad no solamente de ser coherente con los propios principios, sino de proclamarlos".[14]

Sobre la segunda condición es necesario hacer un comentario. El convencimiento que se tenga sobre la inconveniencia del acto al que se insta, puede derivarse de creencias o convicciones religiosas, pero, para que tal condición sea válida, es necesario que tales

---

[13] G. Gamboa-Bernal, "Algunos problemas que enfrentan las personas e instituciones educativas y de salud ante situaciones susceptibles de ser objetadas en conciencia", en F. J. León Correa (coord.), *Bioética para la toma de decisiones*, 1a. parte, Santiago, Chile, Felaibe/Universidad de Guanajuato, 2014.

[14] J. López-Guzmán, *Objeción de conciencia farmacéutica*, Barcelona, Ediciones Internacionales Universitarias, 1997.

posturas sean racionales.[15] Éste es un problema sólo aparente y que no debería generar sentimientos de inferioridad ni apocamiento, cobardía o vergüenza, pues una fe verdaderamente revelada es razonable y sus argumentos no entran en colisión con el ejercicio de la razón.

Tanto en el ejercicio de las profesiones y trabajos que tienen que ver con las ciencias de la salud como en el campo educativo se producen situaciones que pueden desembocar en una objeción de conciencia. Es llamativo que en el primer campo no se da, en general, la desobediencia civil, que es otra forma de manifestar la inconformidad; esta otra modalidad sí es más frecuente en el campo de la educación. Una de las explicaciones de este fenómeno puede estar precisamente en la distinta naturaleza[16] de estas dos formas de expresar desacuerdos y discrepancias frente a leyes o disposiciones que se consideran injustas o lesivas para la persona y la sociedad.

Aunque no debería ser distinta la forma de aplicación de la objeción de conciencia en los diversos ámbitos de la actividad humana, las ciencias de la salud proporcionan una peculiaridad que vale la pena comentar, pues de ella es posible derivar un recurso interesante que puede acompañar –en realidad preceder– al ejercicio de la objeción de conciencia.

En las ciencias de la salud es un deber el actuar bien y no sólo tener la intención de hacerlo. Cuando el destinatario de la acción del profesional de la salud es otra persona humana el cuidado, la profesionalidad, la prudencia, la competencia, etc., que se deben tener, se apoyan en el reconocimiento que se hace de la verdad sobre ese ser humano: que es una persona libre y digna.[17]

---

[15] G. T. Brown, "Discovery and Revelation: The Consciences of Christians, Public Policy, and Bioethics debate", en *Christian Bioethics,* 2012, 18(1): 41-58.

[16] J. F. Childress, "Civil Disobedience, Conscientious Objection, and Evasive Noncompliance: A Framework for the Analysis and Assessment of Illegal Actions in Health Care", en *Journal of Medicine and Philosophy,* 1985, 10(1): 63-83.

[17] J. Aranguren-Echevarría, *Antropología filosófica,* Madrid, McGraw Hill, 2003.

Ese encuentro con una verdad ontológica o teórica no puede sustraerse de los hechos contrastables y objetivos que la ciencia puede proporcionar (verdad práctica). Y no es que se dé la colisión de dos verdades: se trata de la misma verdad, vista desde dos ángulos distintos; propiamente hablando, se trata de una misma realidad personal, percibida por un tercero que, desde fuera, se aproxima a un semejante que sufre o tiene una necesidad susceptible de ser manejada por él.

Sin embargo, el encuentro con la verdad no es fácil, sino que siempre requiere esfuerzo, porque el descubrimiento de la verdad supone una actividad previa: la admiración, el desacostumbramiento, la actitud humilde, algo ingenua o insatisfecha, el saberse interrogar sobre la realidad y el dejarse interpelar por ella. Esto supone preguntarse hasta lo más evidente, luchando por entrar en las entrañas mismas de la realidad; en este caso, de una realidad personal.

Así como hay una distinción lógica entre verdad teórica y verdad práctica,[18] también hay una relación en la que se ve propiamente la necesidad de la ética. Las verdades que se tienen por ciertas influyen en la conducta de la persona; es la relación que ha de darse entre lo que se piensa y lo que se hace, o –lo que es lo mismo– entre lo que se piensa y lo que se vive. La persona humana demanda esa coherencia que el mundo actual tiende a desconocer o a trivializar, pues separa ambos tipos de verdades. Esto último tiene una necesaria resultante: cuando el encuentro del hombre con la verdad es débil, la verdad no llega a inspirar la conducta. De ahí la importancia de la disposición clara de buscar siempre la verdad.[19]

La verdad encontrada es auténticamente poseída cuando la conducta es coherente con ella, por brotar del núcleo personal. Aquí está el ámbito ético que ha de regir la conducta y prescribir deberes

---

[18] A. M. González, "Éticas sin moral", en *Pensamiento y Cultura*, 2009, 12(2): 303-320.

[19] A. M. González, "Multiculturalismo y ley natural", en *SCIO. Estudios y propuestas en ciencias sociales y humanidades*, 2008, 2: 97-130.

prácticos acerca de cómo hay que hacer las cosas para que éstas resulten bien, para que den la talla que la dignidad de la persona humana exige. Uno de esos deberes es la objeción de conciencia.

Esta relación entre verdad teórica y práctica, que impide la sustracción de la una en relación con la otra, se puede tener en cuenta cuando se dan las circunstancias de una objeción de conciencia, en el sentido de apoyar ésta en esa verdad práctica: antes que el ejercicio de la objeción de conciencia, al menos en las ciencias de la salud, los profesionales tienen la posibilidad de ejercer una *objeción de ciencia*.[20] Su misma preparación científica les permite sustentar con argumentos la negativa a actuar de una determinada manera: se objeta en conciencia, porque se tienen argumentos científicos para hacerlo, además de las convicciones éticas. Y esto porque las prescripciones éticas no pueden tener más apoyo que la constatación misma de la verdad objetiva, en las cosas que se realizan.

Lo anterior no está en perjuicio de las otras motivaciones de orden diverso que fundamentan la objeción de conciencia: las religiosas o axiológicas. Simplemente se anota que en los campos de las ciencias de la salud y la educación es posible emplear otras razones que respaldan de manera contundente la decisión de objetar. Es cierto que para la legitimidad de la objeción de conciencia bastan esas razones religiosas, éticas o axiológicas, pero ellas tendrán una mayor firmeza si previamente se puede esgrimir una objeción de ciencia.

Para los miembros de las profesiones sanitarias, la objeción de conciencia tiene una significación ética especial y un valor simbólico.

El procedimiento para objetar en conciencia es sencillo, aunque no exento de algunas complicaciones.

Una vez se ha surtido necesaria reflexión y la persona toma la decisión de objetar, lo que tiene que hacer es:[21]

---

[20] G. Mora-Restrepo, "Objeción de conciencia e imposiciones ideológicas: el *Mayflower* a la deriva", en *Estudios Socio-Jurídicos,* 2011, 13(2): 249-273.

[21] G. Lee, G. Sotel y O. Casa, "La objeción de conciencia en la práctica del médico", en *Revista de la Facultad de Medicina,* UNAM, 2006, 49(3): 121-125.

Manifestar esa decisión de objetar, de palabra y por escrito, al superior o jefe inmediato, incluyendo el hecho concreto sobre el que se hace objeción de conciencia; y como elementos integrantes y nucleares, la sustentación de las razones que soportan esa decisión. También es muy recomendable hacer expresa referencia a la normativa que respalda la objeción de conciencia derivada del sistema internacional de Derechos Humanos y la reglamentación del respectivo país sobre la libertad de conciencia.

Una precisión final es necesario hacer: la remisión inmediata a un profesional no objetor que sí pueda llevar a cabo el procedimiento no es un deber ético, pues nadie puede ser obligado a colaborar con lo que considera que está mal y le hace daño a terceros.[22]

Si bien es cierto que está cuestionada la llamada objeción de conciencia institucional,[23] los centros educativos o de prestación de servicios de salud –que en general son personas jurídicas– siempre tienen la opción de recurrir a la autonomía institucional,[24] que les lleva a regirse por un manual, ideario o reglamento interno que puede tener proscritas ciertas prácticas médicas o la enseñanza de ciertas materias por considerarlas, con fundamento, inconvenientes.

El objetor no ha de caer en el sofisma de que el ejercicio de la objeción tiene límites en los derechos constitucionales de carácter fundamental de los cuales son supuestamente titulares las mujeres: tales derechos fundamentales no hacen distinción entre varón y mujer, por la sencilla razón de que la mujer es igualmente titular de los

---

[22] P. Debeljuh, *El desafío de la ética*, Buenos Aires, Temas, 2003.

[23] A. Zárate-Cuello, "Implicaciones bioéticas y biojurídicas de la objeción de conciencia institucional con relación al aborto en el ordenamiento jurídico colombiano", en *Prolegómenos. Derechos y Valores de la Facultad de Derecho*, 2011, 14(27): 48-56.

[24] A. Carrioni, M. Hernández y G. Molina, "La autonomía de las instituciones prestadoras de servicios de salud (IPS): más un ideal que una vivencia institucional", en *Rev. Fac. Nac. Salud Pública*, 2007, 25(2): 75-84.

tales derechos no en virtud de su sexo, sino simplemente por ser individuo de la especie humana.

No hay que olvidar que un deseable positivo ordenamiento jurídico difiere de un ordenamiento jurídico positivo, que es origen de medidas que potencialmente pueden lesionar tanto a la persona como a la sociedad. Se debe tener en cuenta además que un eficaz ordenamiento constitucional debe llevar a la protección de los derechos fundamentales, sin que esa defensa esté sometida a ninguno. Tal ordenamiento reconoce, respeta y promueve los derechos de todas las personas, así como el cumplimiento de sus deberes, de tal manera que no se puede circunscribir en los derechos y deberes de sólo algunas.

Hay que evitar atribuir a las sentencias y leyes alcances a los que sus formulaciones no llegan, precisamente por separarse de la recta razón. No son lo mismo las opiniones diversas que las convicciones racionalmente fundadas. La autoridad no puede revestirse de formas totalitarias en la aplicación de los mandatos, acercándose al fundamentalismo jurídico, al intentar crear y aplicar normas que van en contra de la racionalidad ética.

Ciertamente objetar complica la vida, algunos casos más o menos recientes en Colombia y en el exterior lo comprueban.[25] Pero hace falta servir de ariete en este campo para remover al Estado, a las instituciones de salud y educativas, a los mismos gremios de profesionales y a la opinión pública en general sobre la conveniencia de la objeción de conciencia, para que pase rápidamente de una situación más bien rara y deseablemente evitable a una práctica corriente y difundida que obligue a respetar la libertad de las conciencias.

Una vez repasados y repensados los contenidos anteriores es posible afirmar, sin temor al error o a la equivocación, que la eutanasia es una verdadera falacia, y por eso el libro lleva ese título. Una

---

[25] "Denuncia ante el Consejo de Europa". Disponible en <https://profesionalesetica.org/documentacion/download-info/informe-al-ce-sobre-vulneraciones-al-derecho-de-objecion-de-conciencia-de-los-medicos-andoc/>. Consulta: 24 de octubre de 2022.

falacia corresponde a un razonamiento que tiene visos de ser verdadero, pero que en el fondo no lo es: su validez es sólo aparente, ya que quebranta al menos una de las reglas de la lógica.

En estas conclusiones no hace falta hacer una exposición completa de lo que son las falacias, pero sí resaltar que los argumentos que pretenden justificar la eutanasia incurren en muchas de ellas, haciendo de la eutanasia una falacia en sí misma. Pero tampoco se puede perder de vista que una argumentación falsa puede corresponder a un sofisma; la única diferencia estriba en la original intención de engaño: en el sofisma está siempre presente el dolo, en la falacia no siempre existe la voluntariedad de engañar.[26]

---

[26] *Encyclopaedia Herder*. Disponible en <https://encyclopaedia.herdereditorial.com/wiki/Sofisma>. Consulta: 24 de octubre de 2022.

Anexos

Declaración de la Asociación Médica Mundial sobre Eutanasia y Suicidio con Ayuda Médica[1]

Adoptada por la 70 Asamblea General de la AMM,
Tiflis, Georgia, octubre de 2019

La AMM reitera su fuerte compromiso con los principios de la ética médica y con que se debe mantener el máximo respeto por la vida humana. Por lo tanto, la AMM se opone firmemente a la eutanasia y al suicidio con ayuda médica.

Para fines de esta declaración, la eutanasia se define como el médico que administra deliberadamente una substancia letal o que realiza una intervención para causar la muerte de un paciente con capacidad de decisión por petición voluntaria de éste. El suicidio con ayuda médica se refiere a los casos en que, por petición voluntaria de un paciente con capacidad de decisión, el médico permite deliberadamente que un paciente ponga fin a su vida al prescribir o proporcionar substancias médicas cuya finalidad es causar la muerte.

---

[1] Tomado de <https://www.wma.net/es/policies-post/declaracion-sobre-la-eutanasia-y-suicidio-conayuda-medica/>.

Ningún médico debe ser obligado a participar en eutanasia o suicidio con ayuda médica, ni tampoco debe ser obligado a derivar un paciente con este objetivo.

Por separado, el médico que respeta el derecho básico del paciente a rechazar el tratamiento médico no actúa de manera contraria a la ética al renunciar o retener la atención no deseada, incluso si el respeto de dicho deseo resulta en la muerte del paciente.

El Royal College Physicians aclara su posición sobre la muerte asistida[2]

26 de marzo de 2020

A principios de 2019, el RCP llevó a cabo una encuesta en línea sobre las opiniones de sus miembros y becarios sobre el tema de la muerte asistida.

El 43.4% de los encuestados dijo que el RCP debería oponerse a un cambio en la ley de muerte asistida, el 31.6% dijo que el RCP debería apoyar un cambio en la ley, y el 25% dijo que el RCP debería ser neutral. Sobre la base de estos resultados, el consejo del RCP adoptó una posición de neutralidad el 21 de marzo de 2019.

La neutralidad se definió como no apoyar u oponerse a un cambio en la ley, para tratar de representar la amplitud de opiniones dentro de sus miembros. Lamentablemente, esta posición ha sido interpretada por algunos como una sugerencia de que el colegio es indiferente al cambio legal o apoya un cambio en la ley.

Para que no haya dudas, el RCP aclara que no admite un cambio en la ley para permitir la muerte asistida en este momento.

---

[2]	Tomado de <https://www.rcplondon.ac.uk/news/rcp-clarifies-its-position-assisted-dying>.

El RCP también quisiera reiterar los siguientes puntos relevantes para la encuesta y su posición:

El RCP tiene un papel importante en informar el debate social sobre este tema, y está ansioso por hacerlo;

Si bien la decisión final sobre la muerte asistida recae en la sociedad a través del Parlamento, los problemas profesionales y clínicos plantean desafíos importantes para el éxito de cualquier legislación futura;

Sigue habiendo muchas deficiencias en la provisión de cuidados paliativos, y los médicos de todos los matices de opinión en el debate actual comparten el compromiso de mejorar la atención al final de la vida;

Hay una pluralidad de puntos de vista dentro de la membresía de RCP sobre el tema de la muerte asistida;

Mientras que una minoría significativa de sus miembros apoya un cambio en la ley, un gran número sigue opuesto;

La mayoría de los médicos no estarían dispuestos a participar activamente en la muerte asistida si se modificara la ley para permitirlo, y sólo el 25% indica que está dispuesto a hacerlo.

Declaración de la Junta Directiva y el Consejo de Presidentes de la Federación Médica Colombiana sobre la Eutanasia[3]

La Junta Directiva y el Consejo de Presidentes de la Federación Médica Colombiana reunidos en la ciudad de Medellín el día 2 de agosto de 1997 consideran que por ser para el médico la defensa de la vida y de la salud su papel principal, no acepta la eutanasia activa ni pasiva como método para aliviar el presunto sufrimiento del paciente, pues está de acuerdo con que la vida es el principio fundamental.

La autonomía y la dignidad del paciente son respetables, pero también lo son la autonomía y la dignidad del médico, las cuales nunca deben violentarse por decisión de un paciente que quiere disponer de su vida obligando al médico a actuar contra su conciencia.

Así mismo, la Federación Médica Colombiana ratifica su aceptación y acatamiento al artículo 13 de la Ley 23 de 1981. "Normas en materia de Ética Médica", que dice: "El médico usará los métodos y medicamentos a su disposición o alcance mientras exista esperanza de aliviar o curar la enfermedad. Cuando exista diagnóstico de muerte cerebral, no es su obligación mantener el funcionamiento de otros órganos o aparatos por medios artificiales".

Medellín, 2 de agosto de 1992
Sergio Isaza Villa
Secretario

---

[3] Publicado en *Bioética. Boletín de Reflexión e Información*, núm. 9, Academia de Bioética. Universidad del Valle, Santiago de Cali, noviembre de 1997. ISSN: 1657-6918.

Declaración de la Academia de Bioética Santiago de Cali sobre Eutanasia[4]

La Academia de Bioética Santiago de Cali quiere ofrecer, a los profesionales de la salud y a la comunidad en general, sus reflexiones en torno a este tema.

1. Toda acción u omisión que por su naturaleza e intencionalidad ocasiona, directa o indirectamente, la muerte de una persona es siempre ilícita desde la perspectiva ética, con independencia de los fines y circunstancias que la puedan acompañar.
2. La práctica de la eutanasia es inconstitucional. En su artículo 11° la Carta Magna garantiza la protección de la vida humana por parte del Estado, pues ella es inviolable y el primer derecho fundamental.
3. Invocar la autonomía del paciente y el consiguiente derecho a decidir sobre su propia vida para justificar la eutanasia, es un grave error ético al menos por dos razones:
   a) La autonomía humana no puede ser absoluta, por tanto la vida personal no se puede enajenar ya que no se posee sino sólo para usarla, y usarla bien.
   b) Ha de tenerse también en cuenta la autonomía del médico que nunca puede violentarse por la decisión, y menos si es errada, de un paciente (o sus familiares) que quiere disponer de su vida. El médico, y en general cualquier profesional de la salud, no puede ser obligado a actuar contra su conciencia.
4. Con la eutanasia, el acto médico perdería su esencia pues intrínsecamente está orientado a beneficiar al que sufre.

---

[4] Publicado en *Cuadernos de Informando*, núm. 3, Universidad de La Sabana. Abril de 2005.

No es ético suprimir el sufrimiento eliminando a la persona que padece.

5. La pretendida justificación de aliviar el sufrimiento no puede ser real, pues objetivamente no hay evidencia del sufrimiento como sí lo hay del dolor, y el dolor sí se puede manejar, disminuir o suprimir.

6. Es necesario borrar de la práctica médica el llamado encarnizamiento terapéutico. Esto no quiere decir dejar de prestar al paciente las ayudas y recursos proporcionados u ordinarios, dentro de los cuales están los cuidados paliativos.

7. Es una falacia sostener que al despenalizar el "homicidio por piedad" no se está hablando de eutanasia. Además, el hecho de despenalizar o legalizar no hace lícita una acción que sea antiética por esencia.

8. Esta Academia acoge la Declaración de la Asociación Médica Mundial (Madrid, octubre de 1997) que sobre este tema dice: "La eutanasia, es decir, el acto deliberado de poner fin a la vida de un paciente, ya sea por su propio requerimiento o a petición de los familiares, es contrario a la ética".

9. También manifestamos nuestra conformidad con las conclusiones del Grupo de Trabajo de la British Medical Association (mayo, 1988) que sobre la materia dice: "No se debe cambiar la ley. La muerte deliberada de un ser humano debe ser un delito. Este rechazo de cualquier cambio de la ley actual, de modo que se permitiera a los médicos intervenir para poner fin a la vida de una persona, [...] es, sobre todo, una afirmación del supremo valor del individuo, sin que importe cuán sin valor o cuán sin esperanza pueda sentirse".

Santiago de Cali, 1998

Pronunciamiento de la Fundación Colombiana de Ética y Bioética contra el adelantamiento de la muerte de cualquier miembro de la familia humana[5]

La adecuada gestión de la libertad causa más intensidad de vida, mayor libertad, el buen amor, la rectificación a tiempo, la corrección justa y constructiva, y una sociedad en la que cabemos todos.

1. Somos

La Fundación Colombiana de Ética y Bioética (Fuceb) reconoce, como su razón de ser, que cada individuo de la especie humana, desde que tiene por cuerpo una célula hasta que termina su ciclo vital natural, es una unidad con las dimensiones bio-psico-social y espiritual y, por lo tanto, un ser que en cada instante de su existencia posee el mismo valor en cuanto humano; este valor es superior a la totalidad de la energía de la que proceden la materia inerte y los individuos vivos no humanos. Esta condición lo hace responsable del resto de la naturaleza y, en especial, de sí mismo y de los demás miembros de su especie. Lo anterior es comprobable por las conductas humanas que superan el alcance de las leyes de la biología, quedando así demostrado que cada individuo humano tiene una condición que es superior a la sola materialidad de su cuerpo, por ejemplo, estudia la acción voluntaria y, en el universo conocido, la voluntad es una facultad exclusivamente humana: voluntariamente se puede perdonar, de corazón, al injusto agresor. La inteligencia supera la capacidad de conocimiento de lo real hasta poder llegar a nociones como la de la nada; el ser humano aspira a una felicidad que abarca

---

5   Tomado de <http://fucebcolombia.org/2012/11/20/pronunciamiento-n-o-1-de-fuceb-contra-el-adelantamiento-de-la-muerte-de-cualquier-miembro-de-la-familia-humana/>.

y trasciende las limitaciones temporales de la biología y, por lo tanto, ésta no es su fuente, sino medio de expresión de la fuente, aunque el cuerpo humano tiene el valor superior de ser, en parte, causa, cauce y ocasión para que se puedan percibir con el propio cerebro y otras partes, las manifestaciones de la inteligencia, la voluntad y el núcleo afectivo.

2. Reconocemos

Considerando que la libertad, la justicia y la paz en el mundo tienen por base el reconocimiento de la dignidad intrínseca y de los derechos iguales e inalienables de todos los miembros de la familia humana (ONU, Declaración Universal de los Derechos Humanos, primer considerando).

Todo individuo tiene derecho a la vida, a la libertad y a la seguridad de su persona (ONU, Declaración Universal de los Derechos Humanos, Artículo 3).

Todo ser humano tiene derecho, en todas partes, al reconocimiento de su personalidad jurídica (ONU, Declaración Universal de los Derechos Humanos, Artículo 6).

Nadie será sometido a torturas ni a penas o tratos crueles, inhumanos o degradantes (ONU, Declaración Universal de los Derechos Humanos, Artículo 5).

3. Manifestamos

En las sentencias de la Corte Constitucional a favor de la eutanasia y el aborto se ha desobedecido el mandato de la inviolabilidad del derecho a la vida biológica –el cuerpo humano vivo es el ser humano en el cosmos–, consagrada en el artículo 11 de nuestra Constitución, cayendo en una discriminación contradictoria de "la dignidad intrínseca y de los derechos iguales e inalienables de todos los miembros de la familia humana".

Es necesario que en el Congreso de la República se logre una Ley Estatutaria que garantice en la realidad, que "Todo ser humano tiene derecho, en todas partes, al reconocimiento de su personalidad jurídica", de modo que se asegure a cada individuo de nuestra especie su pleno goce en el territorio nacional, de la armonización entre los derechos "a la vida, a la libertad y a la seguridad de su persona" desde el primer instante del comienzo de su existencia biológica –él es su cuerpo– hasta su final natural.

Para que lo anterior sea realidad, hace falta que el Congreso de la República legisle lo necesario de modo que "Nadie será sometido a torturas ni a penas o tratos crueles, inhumanos o degradantes". Es cruel y, por lo tanto, inhumano y degradante, cualquier acción u omisión que tenga como efecto que se adelante el momento de la muerte propia o de otro ser humano en alguna etapa o circunstancia de su ciclo vital. Esto es así de modo independiente a si sucede por negligencia de la familia, los más cercanos a los enfermos, los cuidadores, el Talento Humano en Salud, las empresas e instituciones prestadoras de servicios, los legisladores, intérpretes y aplicadores de las normas, los educadores y comunicadores, entre otros, o de quienes destruyen todo lo que son y aquello en lo que se deben a quienes les han ayudado o a quienes pueden darse.

4. Solicitamos

Que cada uno ponga los medios a su alcance para anular toda norma e interpretación de la misma, que contradiga la inviolabilidad del derecho a la vida de cada uno de todos los seres humanos durante su ciclo vital completo, comenzando por procurar eficazmente que se archiven todos los proyectos que cursan en el Congreso de la República con los que se atenta contra la inviolabilidad de cada ser humano consagrada en el Artículo 11 de la Carta Magna, porque, de modo independiente a sus percepciones y circunstancias, cada cuerpo humano es un individuo humano, un miembro de la familia humana que debe acogerse y ser acogido, cuidado y ayudado en el reconocimiento de la perfección en que consiste, para que se solucionen sus falencias bio-psico-sociales y espirituales, y que, en vez de desear su completa destrucción física o la de otros, pueda alcanzar su mayor plenitud o perfección en cuanto humano, también con el trato que recibe y, cuando puede, el que da.

Que cada congresista ponga todo medio honesto que esté a su alcance para archivar cuanto antes el Proyecto de Ley núm. 251/2012 Senado, 064/2011 Cámara "por medio de la cual se crea el documento de voluntad anticipada que busca mantener la dignidad humana en pacientes que se encuentren en enfermedad en fase terminal" y el proyecto de ley 70 de 2012 Senado "por el cual se reglamentan las prácticas de la eutanasia y la asistencia al suicidio en Colombia y se dictan otras disposiciones".

Que, para evitar frecuentes malentendidos semánticos, se excluya el término "muerte digna" y se promueva el de cuidados paliativos.

Que estén atentos a los medios que el Ministerio de Salud pone con el fin de promover que se acelere la creación de equipos de cuidados paliativos bien capacitados y dotados en todas las instituciones asistenciales en que se atiende a los pacientes en etapas terminales, incluyendo la atención domiciliaria y el cubrimiento completo de cuidadores, desplazamientos y alojamientos cuando la familia no puede lograrlo parcial o totalmente por falta de recurso humano o de otro tipo.

5. Ofrecemos

La ayuda que podamos brindarles para lograr el pleno goce de los derechos humanos sin despreciar a los más débiles, sino acogiéndolos, aceptando y solucionando en lo posible, la limitación y el sufrimiento inherentes a la condición humana, con una solidaridad que nunca los destruye y que siempre los acepta como son y los acoge hasta su fin natural, protegiéndolos de los errores del ensañamiento terapéutico y del adelantamiento de su muerte.

Contamos con usted, cuente con nosotros.
Cordialmente,

Nubia L. Posada González   Carlos M. Castillo González
PRESIDENTE   VICEPRESIDENTE

Bogotá, D. C., 20 de noviembre de 2012

Declaraciones de la Academia de Medicina de Medellín sobre Eutanasia[6]

La Academia de Medicina de Medellín
Acuerdo núm. 04 de 2007
Considerando:

1º Que de nuevo se han presentado ante el Congreso de la República proyectos de ley que pretenden aprobar legalmente la práctica de la eutanasia.

2º Que la presentación de esta clase de proyectos es un fenómeno que sucede periódicamente ante los entes legislativos, hecho que atrae la atención de los medios de comunicación que, en muchas ocasiones, difunden conceptos parciales y equivocados sobre tan delicados temas y originan así grave desorientación en la opinión pública sobre conceptos como "eutanasia activa", "eutanasia pasiva", "morir con dignidad" etc.

Acuerda:

1º Reafirmar ante la opinión pública que el sentido de la medicina en todas las culturas conocidas es el cuidado respetuoso, diligente y oportuno de la vida en general y, especialmente, de la vida humana.

2º Que el ejercicio de ese cuidado, esencial e intrínseco al ser y al quehacer del médico, es más exigente cuando el ser humano se halla en una de las inevitables situaciones de fragilidad de su existencia como son el principio y el final de la misma.

3º Que la misión fundamental del médico es contribuir con sus actuaciones al Bien total, pleno, del paciente como individuo y al de

---

[6] Tomado de <https://encolombia.com/medicina/revistas-medicas/academedicina/va-77/acuerdo4/>.

la humanidad en general por las huellas de bondad, al servicio de la vida, que deje su conducta.

4º Rechazar enfáticamente la eutanasia –tanto la activa como la mal llamada pasiva– y la distanasia o encarnizamiento o ensañamiento terapéutico por ser prácticas médicas que desconocen y atropellan la dignidad del paciente y la del médico que las practica.

5º Expresar su profunda convicción de que la solución ética a las situaciones planteadas en el período final de la vida es la ortotanasia, es decir, una muerte asistida médica y humanamente sin prolongar la agonía del paciente, pero sin acortar la existencia de éste. Esta actitud implica la correcta aceptación y ejecución de los cuidados paliativos por personal idóneo en el aspecto académico y, especialmente ético.

6º Hacer suyas las declaraciones que sobre este tema ha pronunciado la Asociación Médica Mundial, Ginebra, 1948; Lisboa, 1981; Venecia, 1983; Sídney, 1986; Madrid, 1987; Marbella, 1992, y Estocolmo, 1994.

7º Copia de este acuerdo se enviará: Al Excmo. Sr. Arzobispo de Medellín, al Presidente de la Conferencia Episcopal, al Senado de la República, al Ministro de la Protección Social, a la Dirección Seccional de Salud de Antioquia, al Secretario de Salud de Medellín, a la Academia Nacional de Medicina, Bogotá, y a las demás academias de Medicina del país, a la Asociación Colombiana de Facultades de Medicina, a la Federación Médica Colombiana, al Colegio Médico de Antioquia, a los decanos de las facultades de Medicina, U. de A., UPB, CES y Fundación Universitaria San Martín, y a los medios de comunicación.

Medellín, 18 días de abril de 2007

Academia de Medicina de Medellín

Considerando:

En la reciente Resolución 1216-2015 el Ministerio de Salud y Protección Social de Colombia ha establecido la conformación de lo que denomina "Comités científico-interdisciplinarios para el derecho a morir con dignidad". Aquellos comités, originados en las propias IPS, serían conformados por profesionales que no presenten objeción de conciencia según la citada resolución.

Aunque en el documento del Ministerio no se hace referencia a la eutanasia, se trata de la aplicación de lo que en su juicio corresponde a la ejecución de los "procedimientos para el derecho a morir con dignidad" como parte de los servicios prestados por los médicos y por las entidades hospitalarias.

El Ministerio hace referencia a las sentencias C 239-1977 y T 970-2014 de la Corte Constitucional de Colombia como antecedentes de su actual resolución.

La Academia de Medicina de Medellín considera urgente y pertinente hacer conocer de la opinión pública colombiana los siguientes hechos:

Causar de modo deliberado y prematuro la muerte de un paciente, cualquiera que sea la justificación que se pretenda aducir respecto a las circunstancias de aplicación, es eutanasia. Este acto es contrario a la naturaleza y a la razón de ser de la medicina y de la profesión médica.

El principio del derecho a la vida hace parte de los derechos fundamentales en la Constitución Política de Colombia. Se destacan en la carta: Art. 11. El derecho a la vida es inviolable. No habrá pena de muerte. Art. 17. Se prohíben la esclavitud, la servidumbre y la trata de seres humanos en todas sus formas. Art. 18. Se garantiza la libertad de conciencia.

La Resolución 1216-2015 entra en evidente contradicción con los anteriores derechos consagrados por la Constitución Política de Colombia. No solamente contraría el sentido de la práctica médica, sino que atropella a las Instituciones Hospitalarias en cuando éstas se adhieren a sus propósitos (misión, visión y valores) del respeto a la vida humana y a la promoción del bien de sus pacientes.

El respeto y la promoción de la vida humana han sido fundamentos racionales sistemáticamente promovidos en documentos y declaraciones de la mayor solemnidad e importancia mundial. Se destacan la Declaración de Ginebra (1948), la Declaración Universal de Derechos Humanos (ONU, 1948) y la Convención Americana de Derechos Humanos (Pacto de San José de Costa Rica, 1969).

La Asociación Médica Mundial ha mantenido la importancia de velar por el respeto a la vida humana y ha mantenido coherentemente la afirmación de que la eutanasia es un acto contrario a la ética médica. Ha instado a los profesionales de la medicina a mantener la fidelidad a este principio, aun en aquellos países en los que se impongan normas que favorezcan la eliminación de enfermos.

Consistentemente la Academia de Medicina de Medellín ha reafirmado su compromiso con el sentido hipocrático del quehacer médico. Reitera su declaración del Acuerdo 2-2012: "El aborto y la eutanasia son actos contrarios a la naturaleza del acto médico, no son actos terapéuticos".

La Academia de Medicina de Medellín encuentra equivocada, objetable y desacertada la Resolución 1216 del Ministerio. Advierte además la Academia de Medicina de Medellín, aunque en la resolución no está consignado ni disponible el origen de la consejería o asesoría académica que el Ministerio pudo haber recibido sobre este caso, se trató de una orientación equívoca y contraria al *ethos* de la profesión médica. No existió transparencia ni objetividad en aquel proceso. Tampoco se hace evidente en la desacertada política ministerial el respeto a los principios de la democracia que debieran inspirar a sus decisiones.

La Academia de Medicina de Medellín hace un llamado a la sociedad en general, a los medios de comunicación, a las entidades privadas (clínicas, hospitales, instituciones universitarias), entidades gremiales médicas y a las otras Academias de Medicina del país, a manifestarse en contra de la citada resolución 1216-2015, considerando la extrema gravedad y efectos perniciosos derivados de su aplicación, que equivaldría al retorno de las normatividades de regímenes totalitarios que la humanidad había creído superados con los horrores de deshumanización de la profesión médica vividos en la historia del siglo XX.

Medellín, julio 15 de 2015

Referencias

Academia Pontificia para la Vida, *Declaración conjunta de las Religiones Monoteístas Abrahámicas sobre las cuestiones del final de la vida*. El Vaticano, 28 de octubre de 2019. Disponible en <https://www.academyforlife.va/content/dam/pav/documenti%20pdf/2019/Religioni_Cure%20Palliative_28%20ottobre/Testi%20Dichiarazione/03_Position%20Paper_SPA_OK_.pdf>. Consulta: 21 de julio de 2022.

__________, *Respetar la dignidad del moribundo. Consideraciones éticas sobre la eutanasia*. Disponible en <http://www.vatican.va/roman_curia/pontifical_academies/acdlife/documents/rc_pa_acdlife_doc_20001209_eutanasia_sp.html>. Consulta: 28 de octubre de 2022.

Adler, M., *Diez errores filosóficos*, México, Grijalbo, 1989.

Almushait, M. y R. Abdel Ghani, "Perception Toward Non-Pharmacological Strategies in Relieving Labor Pain: An Analytical Descriptive Study", en *Journal of Natural Sciences Research*, 2014, 4(2): 5-12.

Annual Report and Yearbook 1990-91, St. Christopher's Hospice, Londres, St. Christopher's Hospice, 1991.

Arango-Restrepo, P., "La relación médico-paciente: un ideal para el siglo XXI", en *Rev. Médicas UIS*, 2012, 25(1): 63-69.

Aranguren-Echevarría, J., *Antropología filosófica*, Madrid, McGraw Hill, 2003.

Avil, R., "The Death Treatment: When Should people with a non-terminal illness be helped to die?", en *The New Yorker*, 22 de junio de 2015. Disponible en: <http://www.newyorker.com/magazine/2015/06/22/the-death-treatment>.Consulta: 2 de julio de 2015.

Bazan, A., G. van de Vijver G. y W. Lemmens *et al.*, "Schrap Euthanasie op Basis van louter psychisch lijden uit de wet. De dood als therapie?", en *De Morgen*, 8 de diciembre de 2015. Disponible en <http://www.demorgen.be/opinie/schrap-euthanasie-op-basis-van-louter-psychisch-lijden-uit-de-wet-b277b650/>. Consulta: 12 de diciembre de 2022.

Beckie, T. M. y L. A. Hayduk, "Measuring Quality of Life", en *Social Indicators Research*, 997(42): 21-39.

"Bélgica autoriza eutanasia para menores de edad", en *BBC*. Disponible en <http://www.bbc.com/mundo/ultimas_noticias/2014/02/140213_ultnot_belgica_eutanasia_ninos_jp>. Consulta: 2 de abril de 2015.

Benedicto XVI. Encíclica *Caritas in veritate*. Disponible en <http://w2.vatican.va/content/benedict-xvi/es/encyclicals/documents/hf_ben-xvi_enc_20090629_caritas-in-veritate.html>. Consulta: 28 de octubre de 2022.

Beuselink, B., "El sentido del sufrimiento o el sentido de la vida a pesar del sufrimiento", en T. Devos *et al.*, *Eutanasia. Lo que el decorado esconde*, Salamanca, Sígueme, 2020, pp. 153-172.

Bingham, J., "Right to die: MPs Reject Assisted Dying law", en *The Telegraph*. Disponible en <http://www.telegraph.co.uk/news/uknews/assisted-dying/11857940/Assisted-dying-vote-in-House-of-Commons.html>. Consulta: 11 de septiembre de 2015.

Blanchard J., "Resistir", en T. Devos *et al.*, *Eutanasia. Lo que el decorado esconde*, Salamanca, Sígueme, 2020, pp. 173-186.

Boer, T., "Euthanasia in a Welfare State: Experiences from the Review Procedure in the Netherlands", en *Philosophy Study*, 2012, 2(1): 51-63.

__________, "Recurring themes in the debate about euthanasia and assisted suicide", en *Journal of Religious Ethics*, 2007, 35(3): 529-555.

Bollen, J. *et al.*, "Organ Donation Euthanasia (ODE): Performing Euthanasia Through Living Organ Donation", en *Transplantation*, 2020, 104(S3): S298. DOI: 10.1097/01.tp.0000700004.43157.0a

Boulay, S., *Changing the Face of Death, the Story of Cicely Saunders*, Norfolk, RM Education Press, 1996.

Boztas, S., "Highest Ever Number of Euthanasia Procedures in 2020", en *Dutchnews*. Disponible en <https://www.dutchnews.nl/news/2021/04/highest-ever-number-of-euthanasia-procedures-in-2020/>. Consulta: 30 de abril de 2021.

Brederson, J., O. Kym y A. Szallasi, "Targeting TRP Channels for Pain Relief", en *European Journal of Pharmacology*, 2013, 716(1-3): 61-76.

Brown, G. T., "Discovery and Revelation: The Consciences of Christians, Public Policy, and Bioethics Debate", en *Christian Bioethics*, 2012, 18(1): 41-58.

Bruinsma, S., H. Tiemeier, J. Verkroost-van Heemst, A. van der Heide y J. Rietjens, "Risk Factors for Complicated Grief in Older Adults", en *Journal of Palliative Medicine*, 2015, 18(5): 438-446. DOI:10.1089/jpm.2014.0366

Cantú-Quintanilla *et al.*, "La Ley de Voluntad Anticipada del Distrito Federal en México. Trasplantes e ideología", en *Persona y Bioética*, 2012, 16(1): 11-17.

Carrioni, A., M. Hernández y G. Molina, "La autonomía de las instituciones prestadoras de servicios de salud (IPS): más un ideal que una vivencia institucional", en *Rev. Fac. Nac. Salud Pública*, 2007, 25(2): 75-84.

Carter, B., "Why Palliative Care for Children is Preferable to Euthanasia", en *Am J Hosp Palliat Care 2014*, julio 9. DOI: 2014 1049909114542648

Catecismo de la Iglesia Católica. Disponible en: <http://www.vatican.va/archive/catechism_sp/index_sp.html>. Consulta: 26 de octubre de 2022.

Centeno, C., "Historia y desarrollo de los cuidados paliativos", en Marcos Gómez Sancho (ed.), *Cuidados paliativos e intervención psicosocial en enfermos de cáncer*, Las Palmas, ICEPS, 1988.

Childress, J. F., "Civil disobedience, Conscientious Objection, and Evasive Noncompliance: A Framework for the Analysis and Assessment of Illegal Actions in Health Care", en *Journal of Medicine and Philosophy*, 1985, 10(1): 63-83.

Cholbi M. J., "Kant and the Irrationality of Suicide", en *History of Philosophy Quarterly*, 2020, 17(2): 159-176.

Cohen-Almagor, R., "Culture of Death in the Netherlands: Dutch Perspectives", en *Issues in Law and Medicine*, 2001, 17(2): 167-179.

__________, *Euthanasia in the Netherlands. The Policy and Practice of Mercy Killing*, Dordrecht, Springer Netherlands, 2004.

__________, "Euthanasia Policy and Practice in Belgium: Critical Observations and Suggestions for Improvement", en *Issues in Law & Medicine*, 2009, 24(3): 187-218.

Cohen-Almagor, R., "First do no Harm: Intentionally Shortening Lives of Patients Without Their Explicit Request in Belgium", en *J Med Ethics*, 2015, 41: 625-629. DOI:10.1136/medethics-2014-102387

"Colombia realizó la primera eutanasia", en *El Colombiano*. Disponible en <http://www.elcolombiano.com/colombia-realizo-la-primera-eutanasia-BD2243322>. Consulta: 5 de julio de 2015.

Conferencia Episcopal de Colombia. *Comunicado de la Comisión permanente.* Disponibleen <https://www.cec.org.co/sites/default/files/WEB_CEC/Documentos/Comision-Permanente/2015/2015%20-%20%20Libertad%20Religiosa%20y%20de%20Conciencia.pdf>. Consulta: 30 de octubre de 2022.

Congregación para la Doctrina de la Fe, "Carta *Samaritanus bonus* sobre el cuidado de las personas en las fases críticas y terminales de la vida". Disponible en <https://press.vatican.va/content/salastampa/es/bollettino/pubblico/2020/09/22/carta.html>. Consulta: 28 de octubre de 2022.

Congreso visible. Universidad de Los Andes. Proyectos de Ley. Disponible en <https://congresovisible.uniandes.edu.co/proyectos-de-ley/eutanasia>. Consulta: 29 de diciembre de 2022.

Consejo Pontificio *Cor unum*. Cuestiones éticas relativas a los enfermos graves y a los moribundos. Disponible en <http://www.internetsv.info/Qetiche.html>. Consulta: 28 de octubre de 2022.

Consejo Pontificio para la Pastoral de la Salud, Carta a los agentes sanitarios. Disponible en <http://www.unav.es/cdb/sscartaagentes.html>. Consulta: 25 de octubre de 2022.

Constitución pastoral *Gaudium et Spes* sobre la Iglesia en el mundo actual. Disponible en <http://www.vatican.va/archive/hist_councils/ii_vatican_council/documents/vat-ii_const_19651207_gaudium-et-spes_sp.html>. Consulta: 26 de octubre de 2022.

Constitución Política de Colombia. Disponible en <http://www.secretariasenado.gov.co/constitucion-politica>. Consulta: 5 de julio de 2015.

Cook, M., "Life? 'I'm not Really That Into it any More'", en *Mercatornet*, Disponible en <http://www.mercatornet.com/careful/view/life-im-not-really-that-into-it-anymore/16392#sthash.CEApqScz.dpuf>. Consulta: 30 de julio de 2015.

Corominas, F., *Educar hoy*, Madrid, Palabra, 2014.

Corte Constitucional de Colombia. Sentencia C-239 de 1997. Disponible en <http://www.corteconstitucional.gov.co/relatoria/1997/C-239-97.htm>. Consulta: 15 de agosto de 2022.

Cruz Prado, A., "Derechos Humanos, ¿qué derechos?, ¿de qué humanos?", en *Nuestro Tiempo*, 1998, 3: 102-115.

Debeljuh, P., *El desafío de la ética*, Buenos Aires, Temas, 2003.

Declaración *Iura et bona* de la Sagrada Congregación de la Doctrina de la Fe sobre la Eutanasia. Disponible en <http://www.vatican.va/roman_curia/congregations/cfaith/documents/rc_con_cfaith_doc_19800505_euthanasia_sp.html>. Consulta: 28 de octubre de 2022.

De Dijn, H., "Prefacio II", en T. Devos *et al.*, *Eutanasia. Lo que el decorado esconde*, Salamanca, Sígueme, 2020, pp. 25-32.

Denuncia ante el Consejo de Europa. Disponible en <https://profesionalesetica.org/documentacion/download-info/informe-al-ce-sobre-vulneraciones-al-derecho-de-objecion-de-conciencia-de-los-medicos-andoc/>. Consulta: 24 de octubre de 2022.

Devos, T. *et al.*, *Eutanasia. Lo que el decorado esconde*, Salamanca, Sígueme, 2020.

Documento final de la V Conferencia General. Celam. Disponible en <http://www.celam.org/aparecida/Espanol.pdf>. Consulta: 30 de octubre de 2022.

Dopchie, C., "La instrumentalización del médico", en T. Devos *et al.*, *Eutanasia. Lo que el decorado esconde*, Salamanca, Sígueme, 2020, pp. 59-78.

DW, "Francia pone en marcha congreso ciudadano para debatir la eutanasia". Disponible en <https://www.dw.com/es/francia-pone-en-marcha-congreso-ciudadano-para-debatir-la-eutanasia/a-64049716>. Consulta: 19 de enero de 2023.

Encyclopaedia Herder. Disponible en <https://encyclopaedia.herdereditorial.com/wiki/Sofisma>. Consulta: 24 de octubre de 2022.

Finnis, J., *Absolutos morales*, Madrid, Ediciones Internacionales Universitarias, 1992.

__________, *Natural Law and Natural Rights*, Oxford, Oxford University Press, 2011.

__________, "The Priority of Persons", en J. Horder (ed.), *Oxford Essays in Jurisprudence: Fourth Series*, Oxford University Press, Oxford, 2000, pp. 1-15.

Fogel A., M. Lyra, J. Valsiner *et al.*, *Dynamics and Indeterminism in Developmental and Social Processes*, Nueva York, Psycology Press, 2014.

Fonnegra, I., *De cara a la muerte*, Bogotá, Andrés Bello, 2001.

"Francia adopta la sedación terminal, pero rechaza la eutanasia y el suicidio asistido", en *20 minutos*. Disponible en <http://www.20minutos.es/noticia/2407760/0/diputados-franceses/amplia-mayoria/sedacion-terminal/#xtor=AD-15&xts=467263>. Consulta: 31 de marzo de 2015.

Francisco, "Discurso a los participantes en el Congreso conmemorativo de la Asociación de Médicos Católicos Italianos con motivo del 70 aniversario de su fundación". Disponible en <http://m2.vatican.va/content/francesco/es/speeches/2014/november/documents/papa-francesco_20141115_medici-cattolici-italiani.html>. Consulta: 28 de octubre de 2022.

__________, Discurso ante el Congreso de los Estados Unidos de América el 24 de septiembre de 2015. Disponible en <http://w2.vatican.va/content/francesco/es/speeches/2015/september/documents/papa-francesco_20150924_usa-us-congress.html>. Consulta: 26 de octubre de 2022.

__________, Exhortación apostólica *Amoris laetitia*, El Vaticano, Editrice vaticana, 2016.

__________, *Mensaje para la XXVIII Jornada Mundial del Enfermo*, El Vaticano, Editrice vaticana, 2020.

__________, Radiomensaje al VII Congreso Internacional de Médicos católicos. Disponible en <http://w2.vatican.va/content/pius-xii/es/speeches/1956/documents/hf_p-xii_spe_19560911_medici-cattolici.html>. Consulta: 26 de octubre de 2022.

Frankl, V., *El hombre en busca de sentido*, Barcelona, Herder, 2011.

__________, *Ante el vacío existencial: hacia una humanización de la psicoterapia*, Barcelona, Herder, 2011.

Frings, M., "¿Consentir la muerte o provocarla? El paradigma de la alimentación artificial", en T. Devos *et al.*, *Eutanasia. Lo que el decorado esconde*, Salamanca, Sígueme, 2020, pp. 129-152.

Gafo J. (ed.), *Bioética y religiones: el final de la vida*, Madrid, Universidad de Comillas, 2000.

Gamboa-Bernal, G., "Algunos problemas que enfrentan las personas e instituciones educativas y de salud ante situaciones susceptibles de ser objetadas en conciencia", en *Bioética para la toma de decisiones*, 1a. parte, F. J. León Correa (coord.), Santiago, Felaibe/Universidad de Guanajuato, 2014.

__________, "Aniversario de la Declaración Universal de los Derechos Humanos: ¿más pena que gloria?", en *Persona y Bioética*, 2019, 23(1): 6-13. DOI: <https://doi.org/10.5294/pebi.2019.23.1.1>.

__________, "A propósito de la eutanasia en menores de edad". Disponible en <http://fucebcolombia.org/2018/03/11/a-proposito-de-la-eutanasia-en-menores-de-edad-el-dr-gilberto-a-gamboa-expresa/>. Consulta: 12 de marzo de 2020.

__________, *El ser humano y su dimensión bioética*, Bogotá, Universidad de La Sabana, 2014.

__________, "Enfoques divergentes de la Medicina: una reflexión bioética", en *Cuadernos de Bioética*, 2021, 32(104): 15-22. DOI: 10.30444/CB.84

__________, "Importancia e implicaciones de un juramento en tiempos de pandemia", en *Persona y Bioética*, 2020, 24(1): 5-13. DOI: <https://doi.org/10.5294/pebi.2020.24.1.1>.

__________, "Itinerario de la eutanasia en Colombia. Veinte años después", en *Persona y Bioética*, 2017, 21(2): 197-203. DOI: 10.5294/pebi.2017.21.2.1

__________, "La ley natural: una de las claves de la Bioética", en *Persona y Bioética*, 2010, 14(1): 5-9.

__________ *et al.*, *Bioética en la práctica. Casos comentados*, Bogotá, Universidad de La Sabana, 2013.

García- Huidobro, J., *Objetividad ética*, Valparaíso, Edeval, 1995.

García-Manrique, R., "Mar adentro: la eutanasia para todos los públicos", en *Revista de Bioética y Derecho*, 2005, 2: 11-15.

Gaviria-Díaz, C., "Aclaración especial de voto". Sentencia C-239 de 1997. Disponible en <http://www.corteconstitucional.gov.co/relatoria/1997/C-239-97.htm>. Consulta: 15 de agosto de 2022.

Gómez-Fajardo, C. A., "¿Y el deber de cuidar?", en *El Pulso*. Disponible en <http://www.periodicoelpulso.com/html/1505may/opinion/opinion.htm>. Consulta: 24 de agosto de 2015.

Gómez-Fajardo, C. A., "Calidad de vida: un concepto equívoco", en *El Pulso*. Disponible en <http://www.periodicoelpulso.com/ediciones-anteriores-2018/html/feb05/opinion/opinion.htm. Consulta: 27 de julio de 2022.

Gómez-Tamayo, G., "Reflexiones sobre la Sentencia C-239/1997". Disponible en <http://works.bepress.com/cgi/viewcontent.cgi?article=1058&context=gomeztamayo>. Consulta: 15 de agosto de 2015.

González, A. M., *Claves de Ley natural*, Madrid, Rialp, 2006.

__________, "Éticas sin moral", en *Pensamiento y Cultura*, 2009, 12(2): 303-320.

__________, "Multiculturalismo y ley natural", en SCIO. *Estudios y propuestas en ciencias sociales y humanidades*, 2008, 2: 97-130.

González-Navarro, C., "Hacer una eutanasia es un acto de amor": 'Doctor muerte'. Disponible en <http://www.elespectador.com/noticias/nacional/hacer-una-eutanasia-un-acto-de-amor-doctor-muerte-articulo-556764>. Consulta: 15 de septiembre de 2015.

Gonzálvez-Vallés, J. E., "Eastwood se sube al ring para defender la eutanasia", en *Vivat Academia*, 2005, 67(4): 1-23.

Gorzhaltsán, E., "Destruction Technology". Disponible en <http://www.adme.ru/vdohnovenie/tehnologiya-unichtozheniya-614355/>. Consulta: 9 de septiembre de 2015.

Griffiths, J., H. Weyers y M. Adams, *Euthanasia and Law in Europe*, Portland, Hard Publishing, 2008.

Guerra-Gómez, M., *Historia de las religiones*, Madrid, Rialp, 2010.

Guzmán-Sabogal, Y. R., "Educación en riesgo suicida: una necesidad bioética", en *Persona y Bioética*, 2006, 27(2): 82-98.

Haekens, A., "Eutanasia por sufrimiento médico sin salida", en T. Devos *et al.*, *Eutanasia. Lo que el decorado esconde*, Salamanca, Sígueme, 2020, pp. 95-110.

Hagelin, J., T. Nilstun, J. Hau y H.-E. Carlsson, "Surveys on Attitudes Towards Legalisation of Euthanasia: Importance of Question Phrasing", en *J. Med Ethics*, 2004, 30: 521-523. DOI: 10.1136/jme.2002.002543

Hanson, S., "Pediatric Euthanasia and Palliative Care can Work Together", en *Am J Hosp Palliat Care*, 2015, febrero 8. DOI: 10.1177/1049909115570999

Heidenreich, A., "Evolución de las ideas en Medicina", en *Revista de la Asociación Médica de Argentina*, 2010, 123(2): 16-30.

Herranz-Rodríguez, G., "Ciencia biomédica y calidad de vida", en *Vida y Pensamiento*, 1986, 6: 415-424.

__________, "La ética médica ante la vida humana: entre el respeto y el cálculo", en *Biogenética, aspectos culturales, científicos y éticos*, Bogotá, Celam, 1992.

Holton, S., "Percy Williams Bridgman", en *Bulletin of Atomic Scientists*, 1962, 18: 22-23.

Hope, C. y K. McCann, "Three Ministers to Defy David Cameron and Vote to Legalise Assisted Suicide", en *The Telegraph*. Disponible en <http://www.telegraph.co.uk/news/uknews/assisted-dying/11856881/Three-ministers-to-defy-David-Cameron-and-vote-to-legalise-assisted-suicide.html>. Consulta: 11 de septiembre de 2015.

Jadad, A., "El concepto de salud y la medicina del futuro". Disponible en <https://proyectos.scare.org.co/HistoricoPaginasMovil/medicinafuturosalejandrojadad.aspx>. Consulta: 22 de agosto de 2022.

Jones D., "Assisted Dying: Law and Practice Around the World", en *BMJ*, 2015, 351:h4481 DOI: <http://dx.doi.org/10.1136/bmj.h4481>.

Juan Pablo II, Encíclica *Evangelium vitae*. Disponible en <https://www.vatican.va/content/john-paul-ii/es/encyclicals/documents/hf_jp-ii_enc_25031995_evangelium-vitae.html>. Consulta: 26 de octubre de 2022.

__________, Encíclica *Sollicitudo rei socialis*. Disponible en <http://w2.vatican.va/content/john-paul-ii/es/encyclicals/documents/hf_jp-ii_enc_30121987_sollicitudo-rei-socialis.html>. Consulta: 27 de octubre de 2022.

__________, Exhortación Apostólica Postsinodal *Ecclesia in America*. Disponible en: <http://w2.vatican.va/content/john-paul-ii/es/apost_exhortations/documents/hf_jp-ii_exh_22011999_ecclesia-in-america.html>. Consulta: 27 de octubre de 2022.

__________, Exhortación Apostólica Postsinodal *Ecclesia in Europa*. Disponible en: <http://w2.vatican.va/content/john-paul-ii/es/apost_exhortations/documents/hf_jp-ii_exh_20030628_ecclesia-in-europa.html>. Consulta: 27 de octubre de 2022.

__________, Exhortación Apostólica Postsinodal *Pastores gregis*. Disponible en: <http://w2.vatican.va/content/john-paul-ii/es/apost_exhortations/documents/hf_jp-ii_exh_20031016_pastores-gregis.html>. Consulta: 27 de octubre de 2022.

Kant, I., citado por Kelsen H., en *Teoría general de las normas*, México, Trillas, 1994.

Kant, I., *Introducción a la metafísica de las costumbres*, Madrid, Encuentro, 2003.

Karplus, R., "La persona ante las cuestiones que plantea la eutanasia", en T. Devos *et al.*, *Eutanasia. Lo que el decorado esconde*, Salamanca, Sígueme, 2020, pp. 111-128.

Kass, L., "Neither for Love nor Money: Why Doctor Must not Kill", en *The public interest*, 1989, 94: 25-46.

Kass, L., "Science, Religion, and the Human Future", en *Commentary*, 2007, 4: 36-48.

Keown, J., *Euthanasia, Ethics and Public Policy: An Argument Against Legalisation*, Cambridge, Cambridge University Press, 2002.

__________, *The Law and Ethics of Medicine: Essays on the Inviolability of Human Life*, Oxford, OUP, 2012.

Keown, J. y E. Jackson, *Debating Euthanasia*, Portland, Bloomsbury Publishing, 2011.

Kübler-Ross, E., *Sobre la muerte y los moribundos*, Barcelona, Grijalbo, 1989.

__________, *On death and Dying*, Nueva York, Scripner, 2014.

LaFuente, S., "Nathan Verhelst, el transexual con 'angustia extrema' que optó por la eutanasia", *BBC*. Disponible en <http://www.bbc.com/mundo/noticias/2013/10/131003_eutanasia_belgica_transexual>. Consulta: 25 de agosto de 2022.

Lee, G., G. Sotelo y O. Casa, "La objeción de conciencia en la práctica del médico", en *Revista de la Facultad de Medicina*, UNAM, 2006, 49(3): 121-125.

Legemaate, J. e I. Bolt, "The Dutch Euthanasia Act: Recent Legal Developments", en *European Journal of Health Law*, 2013; 20(5): 451-469. DOI: 10.1163/15718093-12341298

Lehman, J., "The Overton Window: A model of policy change", en *Mackinac Center for Public Policy*.

Lemmens, W., "Eutanasia y autodeterminación: quien sufre quiere estar acompañado", en T. Devos *et al.*, *Eutanasia. Lo que el decorado esconde*, Salamanca, Sígueme, 2020, pp. 79-94.

Leonard A. y Conrad A., *La historia de las cosas*, México, FCE, 2018.

Ley 1733 del 8 de septiembre de 2014. Disponible en <http://wsp.presidencia.gov.co/Normativa/Leyes/Documents/LEY%201733%20DEL%2008%20DE%20SEPTIEMBRE%20DE%202014.pdf>. Consulta: 18 de septiembre de 2015.

Llano-Cifuentes, A., *El futuro de la libertad*, Pamplona, EUNSA, 1985.

López-Guzmán, J., *Objeción de conciencia farmacéutica*, Barcelona, Ediciones Internacionales Universitarias, 1997.

Manrique, R., E. Vélez, F. Ochoa, L. Fernández y R. Escamilla, "Comportamiento del suicidio en Antioquia: 1998-2000", en *Revista* CES *Medicina*, 2002, 16(3): 7-17.

Marcuse, H., *Ideologia da sociedade industrial*, Río de Janeiro, Zahar, 1969.

Maritain, J., *De Bergson a Tomás de Aquino*, Buenos Aires, Club de Lectores, 1983.

Martin, R. y C. Wellman, "The Proliferation of Rights: Moral Progress or Empty Rhetoric?", en *Ethics*, 2000, 110(3): 649-651. DOI: 10.1086/233344

Mass, S., "Laura is 24 jaar en fysiek gezond. Ze krijgt deze zomer euthanasie 'Het monster in mij wordt alleen maar groter'", Disponible en https://www.demorgen.be/nieuws/laura-is-24-jaar-en-fysiek-gezond-ze-krijgt-deze-zomer-euthanasie~b-3d9c64f/>. Consulta 30 de julio de 2022.

Maynart, B., "My Right to Death with dignity at 29", en *CNN*. Disponible en <http://edition.cnn.com/2014/10/07/opinion/maynard-assisted-suicide-cancer-dignity/index.html>. Consulta: 31 de mayo de 2022.

Medicina Legal-Colombia, *Boletín estadístico*, abril de 2021. Disponible en https://www.medicinalegal.gov.co/documents/20143/628335/Boletin+abril+2021.pdf. Consulta: 30 de mayo de 2022.

Meier, D. E., "The Treatment of Patients With Unbearable Suffering –The Slippery Slope Is Real", en JAMA *Intern Med*, 2021, 181(2): 160-161. DOI: 10.1001/jamainternmed.2020.6884

Merchán-Price, J., "La eutanasia no es un acto médico", en *Persona y Bioética*, 2008, 12(1): 42-52.

Millán-Puelles, A., *Economía y libertad*, Madrid, Rialp, 1974.

__________, VI. *Obras completas*, Madrid, Rialp, 2014.

Ministerio de Salud y Protección Social. Resolución núm. 1216 de 2015. Disponible en <https://www.minsalud.gov.co/Normatividad_Nuevo/Resoluci%C3%B3n%20 1216%20de%202015.pdf>. Consulta: 7 de agosto de 2022.

Montero, E., *Cita con la muerte: Diez años de eutanasia legal en Bélgica*, Madrid, Rialp, 2013.

Morales, J., *Iniciación a la teología*, Madrid, Rialp, 2000.

"New Pro-euthanasia Group Name row", en *BBC News*. Consulta: 24 de julio de 2015.

Mora-Restrepo, G., "Objeción de conciencia e imposiciones ideológicas: el *Mayflower* a la deriva", en *Estudios Socio-Jurídicos*, 2011, 13(2): 249-273.

"Nuevo impulso al proyecto que reglamenta la eutanasia", en *El Tiempo*. Disponible en <https://www.eltiempo.com/politica/congreso/proyecto-que-reglamenta-la-eutanasia-en-que-va-en-el-congreso-540568>. Consulta: 5 de julio de 2022.

Nuland, S., *Cuando nos llega la muerte: reflexiones sobre la etapa final de la vida*, Bogotá, Norma, 1998.

Observatorio de Bioética UCV, "El estado de Maine en los Estados Unidos de América aprueba el suicidio asistido y la eutanasia". Disponible en <https://www.observatoriobioetica.org/2022/01/el-estado-de-maine-en-los-estados-unidos-de-america-aprueba-el-suicidio-asistido-y-la-eutanasia/37730>. Consulta: 12 de enero de 2022.

O´Neill, S., "When you Have the 'Right to die', but don't Want to", en *CNN*. Disponible en <http://edition.cnn.com/2015/05/26/health/terminal-patients-against-assisted-suicide/>. Consulta: 31 de mayo de 2022.

Ogando Díaz, B. y E. Tejera Torroja, "Más allá de la empatía: la mirada compasiva en el cine", en *Revista de Medicina y Cine*. 2014, 11(1): 19-33.

Orrego, C., "John Finnis, Controversias contemporáneas sobre la teoría de la ley natural", en *Acta Philosophica*, 2001, 10(1): 73-92.

Osorio, J. G., M. I. Victoria y G. Gamboa-Bernal, Congreso de Felaibe. *Memorias I*, Santa Fe de Bogotá, 1998.

Pablo VI, Discurso a los miembros del Comité Especial de las Naciones Unidas para la cuestión del "Apartheid". Disponible en <http://w2.vatican.va/content/paul-vi/es/speeches/1974/documents/hf_p-vi_spe_19740522_apartheid.html>. Consulta: 26 de octubre de 2022.

Papacchini, A., "Kant y el derecho a la vida", en *Los derechos humanos en Kant y Hegel*, Cali, Universidad del Valle, 1993.

Parkinson, L., K. Rainbird, I. Kerridge, G. Carter, J. Cavenagh, J. McPhee, "Cancer Patients' Attitudes Toward Euthanasia and Physician-Assisted Suicide: The Influence of Question Wording and Patients' own Definitions on Responses", en *Journal of Bioethical Inquiry*, 2005, 2(2): 82-89. DOI: 10.1007/BF02448847

"Pas d'euthanasie mais une 'sédation': l'adoption de la loi fin de vie divise", en *Le Figaro*, 12 de marzo de 2015. Disponible en <http://www.lefigaro.fr/actualite-france/2015/03/12/01016-20150312ARTFIG00169-pas-d-euthanasie-mais-une-sedation-l-adoption-de-la-loi-fin-de-vie-divise.php>. Consulta: 31 de marzo de 2015.

Peeters, M., *Marion-ética: los expertos de la* ONU *imponen su ley*, Madrid: Rialp, 2011.

Pío XII, Discurso a los participantes de la primera Asamblea General del *Collegium Internationale Neuro-psico-pharmacologicum*. Disponible en <http://w2.vatican.va/content/pius-xii/es/speeches/1958/documents/hf_p-xii_spe_19580909_neuro-farmacologia.html>. Consulta: 26 de octubre de 2022.

"Preventing Unsafe Abortions Through Task Shifting and Sharing" (editorial), *The Lancet*, 2015, 386(9993): 504. DOI: <http://dx.doi.org/10.1016/S0140-6736(15)61461-1>.

Prieto-Martínez, V., "Objeción de conciencia a la eutanasia", en *Revista Latinoamericana de Derecho y Religión*, 2015, 1: 25.

"Procurador Alejandro Ordóñez Maldonado demandó la resolución que reglamentó la eutanasia en Colombia". Disponible en <http://www.procuraduria.gov.co/portal/index.jsp?option=net.comtor.cms.frontend.component.pagefactory.NewsComponentPageFactory&action=view&key=5883>. Consulta: 24 de agosto de 2015.

"Procuraduría General de la Nación solicitó la nulidad de una sentencia de la Corte Constitucional que le ordena al Ministerio de Salud reglamentar la eutanasia". Disponible en <http://www.procuraduria.gov.co/portal/index.jsp?option=net.comtor.cms.frontend.component.pagefactory.NewsComponentPageFactory&action=view&key=5658>. Consulta: 24 de agosto de 2015.

"Public Support for Falconer's 'Assisted Dying' Bill Drops Dramatically to Just 43% When Arguments Against are Heard". Disponible en <http://www.carenotkilling.org.uk/public-opinion/assisted-dying-public-opinion/>. Consulta: 21 de julio de 2022.

Raus, K., B. Vanderhaegen y S. Sterckx, "Euthanasia in Belgium: Shortcomings of the Law and Its Application and of the Monitoring of Practice", en *The Journal of Medicine and Philosophy*, 2021, 46: 80-107. DOI:10.1093/jmp/jhaa031

"Regionale toetsingscommissies euthanasie. Verantwoording werkzaamheden toetsingscommissies". Disponible en <https://www.euthanasiecommissie.nl/overdetoetsingscommissies/jaarverslag/>. Consulta: 10 de octubre de 2015.

Ricot, J., "Prefacio I.", en T. Devos *et al.*, *Eutanasia. Lo que el decorado esconde*, Salamanca, Sígueme, 2020, pp. 17-24.

Rodríguez-Luño, A., *Ética general*, Pamplona, Ediunsa, 2012.

Ross, W., "Dying Dutch: Euthanasia Spreads Across Europe", en *Newsweek*. Disponible en <http://www.newsweek.com/2015/02/20/choosing-die-netherlands-euthanasia-debate-306223.html>. Consulta: 26 de agosto de 2015.

Saad, L., "U. S. Support for Euthanasia Hinges on How It's Described. Support is at low ebb on the Basis of Wording That Mentions 'Suicide'", en *Gallup*. Disponible en <http://www.gallup.com/poll/162815/support-euthanasia-hinges-described.aspx>. Consulta: 21 de julio de 2022.

Saunders, C., "Foreword", en D. Doyle, G. Hanks y N. MacDonald (eds.), *Oxford Textbook of Palliative Medicine* (2a. ed.), Oxford, Oxford University Press, 1998.

Schuster, S., *"Reseña de los que sobraban. Historia de la eutanasia social en la Alemania nazi" 1939-1945*, de Götz Aly, en *Memoria y Sociedad*, 2015, 19(38): 109-112.

Serrano Ruiz-Calderón, J. M., "Sobre la injusticia de la eutanasia. El uso de la compasión como máscara moral", en *Persona y Bioética*, 2013; 17(2): 168-186.

Siegel A., D. Sisti y A. Caplan, "Pediatric Euthanasia in Belgium. Disturbing Developments", en *Jama*; 2014, 311(19): 1963-1964. DOI:10.1001/jama.2014.4257

Silveira, M. J., S. Y. H. Kim y K. M. Langa, "Advance Directives and Outcomes of Surrogate Decisionmaking Before Death", en *NEngl JMed*, 2010, 362: 1211-1218.

Somerville, M., *Death Talk: The Case Against Euthanasia and Physician-Assisted Suicide*, Montreal, McGill University Press, 2014.

Spaemann, R., "Sobre el concepto de dignidad humana", en C. I. Massini y P. Serna (eds.), *El derecho a la vida*, Pamplona, EUNSA, 1998.

__________, *Ética: cuestiones fundamentales*, Pamplona, Ediunsa, 2005.

__________, "La visión universalista de la ley natural". Disponible en <http://www.aebioetica.org/rtf/universalista.pdf>. Consulta: 21 de mayo de 2022.

Swarte N., M. Van der Lee, J. Van der Bom, J. Van den Bout y P. Heint, "Effects of euthanasia on the bereaved family and friends: a cross sectional study", en *BMJ*, 2003, 327 DOI: /10.1136/bmj.327.7408.189

"The Istanbul Consensus Workshop on Embryo Assessment: Proceedings of an Expert Meeting", en *Hum Reprod*, 2011, 4: 1-14.

The World Federation of Right to Die Societies. Disponible en <https://wfrtds.org/member-organizations/>. Consulta: 5 de julio de 2022.

Tomas-Maier, A., "A Picture of Health" (reseña), en *Journal Etica & Cine*, 2011, 1(1): 75-78.

Troncoso-Barría C., "Racionalismo crítico e irracionalidad", en *Cuadernos de Filosofía*, 2021, 27: 85-98.

Trufin, F., "La eutanasia tras el decorado", en T. Devos *et al.*, *Eutanasia. Lo que el decorado esconde*, Salamanca, Sígueme, 2020, pp. 187-208.

Urzúa A., "Calidad de vida relacionada con la salud: Elementos conceptuales", en *Revista Médica de Chile*, 2010, 138(3): 358-365. DOI: 10.4067/S0034-98872010000300017

Valdés-López, L. F., *Bioética y opinión pública*, México, Minos, 2013.

Vanden-Eijnden, S. y D. Martinovici, "Neonatal Euthanasia: A Claim for an Immoral law", en *Clin Ethics*, 2013, 8(2-3): 75-84. DOI: 10.1177/1477750913499494

Verhagen, E. y P. Sauer, "The Groningen Protocol-Euthanasia in Severely Ill Newborns", en *The New England Journal of Medicine*, 2005, 352: 959-962. DOI: 10.1056/NEJMp058026

Verhagen, E. y P. Sauer, "Neonatal Euthanasia: Lessons from the Groningen Protocol", en *Seminars in Fetal and Neonatal Medicine*, 2014, 19(5): 296-299. DOI: 10.1016/j.siny.2014.08.002

Vermiree, E., "El síndrome de la pendiente resbaladiza", en T. Devos *et al.*, *Eutanasia. Lo que el decorado esconde*, Salamanca, Sígueme, 2020, pp. 33-58.

Vizcarrondo, F., "Neonatal Euthanasia: The Groningen Protocol", en *The Linacre Quarterly*, 2014, 81(4): 388-392. DOI: 10.1179/0024363914Z.00000000086

Von Hildebrand, D., *El corazón*, Madrid, Palabra, 2005.

Wilkinson, D. y J. Savulescu, "Should we Allow Organ Donation Euthanasia? Alternatives for Maximizing the Number and Quality of Organs for Transplantation", en *Bioethics*, 2010, 26(1): 32-48. DOI: 10.1111/j.1467-8519.2010.01811.x

WMA, "Declaración sobre eutanasia y suicidio con ayuda médica". Disponible en https://www.wma.net/es/policies-post/declaracion-sobre-la-eutanasia-y-suicidio-con-ayuda-medica/. Consulta: 30 de diciembre de 2022.

World Health Organization. Department of Mental Health and Substance Abuse, "Preventing Suicide: A Resource for Media Professionals", Ginebra, 2017. Disponible en <https://apps.who.int/iris/handle/10665/258814>. Consulta: 26 de septiembre de 2022.

Xubiri, X., *El problema filosófico de la historia de las religiones*, Madrid, Alianza, 1993.

Xu, J. *et al.*, "Mortality in the United States, 2021", en *NCHS Data Brief*, 456. Hyattsville, National Center for Health Statistics, 2022. DOI: <https://dx.doi.org/10.15620/cdc:122516>.

Zárate-Cuello, A., "Implicaciones bioéticas y biojurídicas de la objeción de conciencia institucional con relación al aborto en el ordenamiento jurídico colombiano", en *Prolegómenos. Derechos y Valores de la Facultad de Derecho*, 2011, 14(27): 48-56.

Este libro, *Eutanasia: falacia de morir con dignidad*,
se imprimió en la Ciudad de México,
el 25 de marzo de 2023, solemnidad
de la Anunciación de Santa María
y de la Encarnación del Señor,
en Litográfica Ingramex, S. A. de C.V.
Centeno 162-1, Granjas Esmeralda, Iztapalapa,
C. P. 09810, Ciudad de México, México